CONSULTATION

POUR

JAMES HAMILTON, MARQUIS D'ABERCORN

Comte d'Abercorn, Vicomte d'Hamilton, de Strabane,
etc., etc., etc., etc., etc.,
Pair d'Angleterre, d'Écosse et d'Irlande,
Chevalier de l'Ordre de la Jarretière,
Membre du Conseil privé de S. M. la Reine d'Angleterre,

CONTRE

LE DUC D'HAMILTON.

(MAINTIEN ET CONFIRMATION DU TITRE HÉRÉDITAIRE
DE DUC DE CHATELLERAULT, CONCÉDÉ A JAMES HAMILTON
Par HENRI II, Roi de France, en 1548.)

PARIS

IMPRIMERIE DE COSSE ET J. DUMAINE,
RUE CHRISTINE, 2.
1865

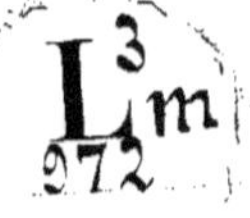

INDEX.

CONSULTATION DE MM. TREITT ET ROGRON.

ADHÉSIONS.

MÉMOIRE

A CONSULTER.

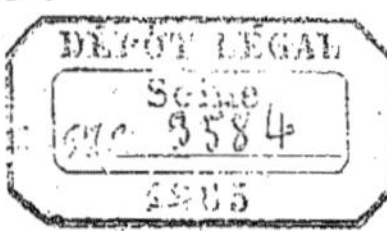

Le 27 janvier 1547, un contrat synallagmatique intervint entre le roi de France Henri II et James Hamilton, IIe comte d'Arran, régent d'Écosse et plus proche héritier du trône.

Par ce contrat signé à Châtillon , le comte s'obligeait à rassembler les états du pays d'Ecosse, pour obtenir leur consentement au mariage de leur Reine avec le Dauphin, à remettre et délivrer ès mains dudit seigneur roi de France la personne de ladite Reine, et, en outre, à lui remettre également aucunes des principales et plus fortes places du royaume d'Ecosse.

De son côté, le roi de France, « en récompense d'un aussi grand et « signalé service, s'engageait, entre autres choses, à conférer au comte « d'Arran le titre de duc, avec duché en ce royaume de France, de « douze mille livres de rente, pour lui, ses hoirs et ayants cause à per- « pétuité. »

Le comte d'Arran remplit fidèlement toutes ses promesses, et le 5 février 1548, l'acte de cession du duché que le Roi s'était engagé à transmettre au comte d'Arran, en rémunération du service rendu, fut, en effet, dressé.

L'évêque de Ross, ambassadeur d'Ecosse en France, fut admis à paraître devant le Conseil, comme porteur de la procuration du comte d'Arran, et stipulant pour lui, supplia ledit seigneur Roi de sa part vouloir, *pour satisfaction* et accomplissement de sa promesse, octroyer et assigner « audit seigneur comte, pour lui, ses hoirs, successeurs et « ayants cause, les douze mille livres de rente en titre de duché ; »

« Ce que ledit seigneur Roi, lit-on dans les lettres patentes, désirant faire comme il est plus que raisonnable, après en avoir communiqué à son conseil, a comme prince de foy et d'honneur , donné et octroyé, donne et octroye par ces présentes, audit seigneur comte, le duché de

Châtellerault, ses appartenances et dépendances, et commandé à moi,
secrétaire de ses finances, dépêcher en la plus sûre forme que faire se
pourra, audit comte, lettres de don dudit duché de Châtellerault pour
en jouir par lui, ses hoirs, successeurs et ayants cause, perpétuellement
et à toujours, lui promettant icelui faire valoir douze mille livres de
rentes annuelles, toutes charges déduites et payées, et les lui assigner
de proche en proche.

« Et, pour sûreté de ce, a voulu estre donné ce présent acte audit évesque de Ross, procureur dudit seigneur comte, qu'il a signé de sa propre main, signé : Henri. »

Au mois de février 1548, des lettres patentes d'investiture furent
délivrées à St-Germain, dans lesquelles, après avoir pris l'avis des princes du sang et des membres du conseil privé, le Roi, après avoir rappelé les services éminents qui lui avaient été rendus par le comte d'Arran, s'exprime en ces termes :

« Nous, à ces causes, et après avoir mis ce faict de sadite récompense
en délibération avec les princes de nostre sang et gens de nostre conseil privé, et par eux fait voir l'accord et contract fait et passé entre
nous et ledit sieur comte, ci attaché sous le contre-scel de nostre chancellerie.....

« Avons par leur avis et délibération, ledit accord et contract, comme
très-juste et très-profitable à nous et à l'état de nostre royaume, loué,
approuvé, louons et approuvons par ces présentes, et suivant iceux accord et contract, et l'avis des princes de nostre sang et gens de nostre
conseil privé, pour aucunement rémunérer iceluy comte de ses services, qui méritent beaucoup plus, comme véritablement nous reconnaissons, avons donné, ceddé, quitté, transporté et délaissé, et par la
teneur de ces présentes donnons, ceddons, quittons, transportons et
délaissons à iceluy nostredit cousin, ses hoirs, successeurs et ayants
cause, à toujours, le duché de Châtellerault, ses appartenances et dépendances, ainsi qu'ils se poursuivent et comportent, et tous droits, prérogatives de duché, justice haute, moyenne et basse, etc., et à ce faire
avons obligé et obligeons nous, nos biens et de nos hoirs, successeurs
et ayants cause.

« Pour d'iceluy duché et choses dessus dites jouir et user par nostre
cousin le duc d'Arran, sesdits hoirs, successeur set ayants cause, perpétuellement, héréditairement et à toujours, et en ordonner et disposer
comme de son propre et vray héritage, et dont à cette fin, nous nous
sommes dessaisis, dévestus et démis, dessaisissons, dévestons et dé-

mettons, dès maintenant, au profit de notredit cousin, sesdits hoirs, successeurs et ayants cause, que nous en avons en ce faisant, saisis et vestus, vestons et saisissons par cesdites présentes, etc.

« Si donnons en mandement à nos amés et féaux, etc., que de nos présents don, cession, quittance, bail, transport et délais, et de tout le contenu en cesdites présentes, ils fassent, souffrent et laissent nostre cousin, sesdits hoirs, successeurs et ayants cause jouir et user pleinement, paisiblement, perpétuellement et à toujours, etc. Car tel est nostre bon plaisir, nonobstant quelconques ordonnances et révocations générales ou particulières, faites ou à faire, de nostre domaine, en quoi ne voulons ce présent don, bail, transport et délais estre aucunement compris ny entendu, attendu la grandeur et importance de la cause qui nous en a esté motivée, etc. Signé : Henry.

« Et sur le repli, par le Roy, messieurs le cardinal de Guise, et duc d'Aumale, de Montmorency, connestable et autres présents. Signé Duthier. »

Au mois de juillet de la même année, des lettres de grande naturalité, datées de Dijon, furent délivrées par le roi de France au comte d'Arran, duc de Châtellerault, pour lui et ses héritiers.

Voici en quels termes remarquables ces lettres de grande naturalité sont conçues :

« Afin que, sous couleur qu'il est étranger, natif dudit royaume d'Ecosse, et non de nos royaume et pays, l'on ne puisse, après son trespas, prétendre ledit duché de Châtellerault nous devoir retourner par droict d'aubeyne, et à sesdits héritiers, successeurs et ayants cause, donner quelque trouble ou empeschement en la jouissance dudit duché et des autres terres, biens, possessions et héritages qu'il pourrait avoir et cy-après acquérir en nostredit royaume et pays ;

« Voulant que ses hoirs, successeurs et ayants cause, lui puissent succéder, prendre et appréhender la possession et jouissance de sesdits biens, tout ainsi qu'ils feroient et pourroient faire si nostredit cousin et sesdits enfants et ses héritiers estoient originaires et natifs de nosdits royaume et pays, soit qu'ils soient demeurans en iceux nosdits royaume et pays, ou audit pays d'Ecosse. Et pour cet effet les avons, quant à ce dessus, habilitez et dispensez, habilitons et dispensons, de nosdites puissance et authorité, par cesdites présentes, sans que pour ce nostredit cousin le comte d'Arran, ny sesdits enfants et héritiers soient tenus payer à nous, ny à nos successeurs rois de France, aucune finance ou indemnité, de laquelle, à quelque somme, valeur et estimation qu'elle soit et puisse monter, nous lui avons fait et faisons don, quittance et octroy, par ces dites présentes signées de nostre main, etc.»

Le 20 novembre 1548 intervinrent d'autres lettres qui firent injonction à tous avocats, procureurs et gens de justice, pratique et finance, de procéder sur la réquisition du duc de Châtellerault pour toutes affaires concernant ledit duché : « Voulant, dit le roi, procéder de bonne foi audit affaire, et les délais, cession et transport dudit duché de Châtellerault estre faits à nostredit cousin tant pour lui que les siens, héréditablement, perpétuellement à toujours en si bonne et valable forme qu'il ne puisse être révoqué cy après en doute ny difficulté. »

12 août 1549. Lettres patentes par lesquelles le roi enjoint aux sénéchaux de Poitou et de Châtellerault, de mettre le duc de Châtellerault en possession de son duché.

4 novembre 1549. Enregistrement par les trésoriers généraux de France des lettres patentes du 5 février 1548 avec constatation qu'elles avaient été précédemment lues, publiées et enregistrées en la Cour de Parlement et en la Chambre des comptes de Paris, deux formalités essentielles pour la validité des lettres patentes royales.

29 avril 1550. L'évêque de Ross, au nom et comme chargé de pouvoirs de James Hamilton, duc de Châtellerault, rend au Roi foi et hommage pour ledit duché.

En 1559, François II s'empara des revenus du duché ; mais sans toucher au titre même de duc de Châtellerault.

Depuis cette époque sont intervenus divers actes dont les couseils voudront bien apprécier la nature ainsi que l'influence sur l'affaire.

Mais avant tout, il importe de présenter ici la généalogie du marquis d'Abercorn.

Cette généalogie a été judiciairement établie devant le shériff de la chancellerie en Écosse sur la production des pièces probantes dont le shériff est le contradicteur légal.

Il a fallu plus de cent constatations judiciaires, qui toutes ont été l'objet d'un débat contradictoire, pour établir cette généalogie. En examinant ce tableau, on verra que la branche aînée de la descendance du premier duc de Châtellerault s'est éteinte par la mort, en 1651, sans postérité masculine, de William, deuxième duc de Hamilton (n° 6 de la généalogie).

Le titre de duc de Châtellerault a passé alors sur la tête de son cousin, qui était en ce moment le plus proche héritier mâle dans la branche cadette, James, deuxième comte d'Abercorn (n° 11 de la généalogie).

GÉNÉALOGIE DE M. LE MARQUIS D'ABERCORN.

N° 1.

James, deuxième comte d'Arran, lord Hamilton, régent d'Écosse pendant la minorité de la reine Marie, 1542-1554, créé duc de Châtellerault en France en 1548. Epousa lady Margaret Douglas, mourut le 22 janvier 1575. Il eut quatre fils.

Ligne directe des ducs de Hamilton. | *Ligne des comtes et marquis d'Abercorn.*

N° 2.

James, troisième comte d'Arran, mourut non marié en mars 1609.

N° 3.

Lord John Hamilton, créé marquis de Hamilton en avril 1599. Epousa Margaret, fille de John lord Glammis, mourut le 6 avril 1604. A eu un fils.

N° 8.

Lord David Hamilton, troisième fils, mort en mars 1611, sans descendance mâle. Il eut pour successeur comme héritier mâle son neveu James, second marquis d'Hamilton, n° 4.

N° 9.

Lord Claud Hamilton, créé lord Paisley en 1594. Il épousa Margaret, fille de Georges, lord Seton, mourut en 1621. Son fils aîné fut

N° 4.

James, deuxième marquis d'Hamilton, etc., épousa lady Anne Cunninghame, mourut le 2 mars 1624. Il eut trois fils.

N° 10.

James, maître de Paisley, créé lord Abercorn en 1604 et comte d'Abercorn en 1606, en sa faveur et en faveur de tous ses héritiers mâles. Il épousa Marion, fille de Thomas, lord Boyd. Mourut durant la vie de son père, le 23 mars 1617.

N° 5.

James, troisième marquis d'Hamilton, créé duc d'Hamilton le 12 avril 1643. Epousa lady Mary Fielding. Mourut le 9 mars 1648, sans héritier mâle. De sa fille Anne, duchesse de Hamilton, descend en ligne directe le duc de Hamilton actuel. Le comte de Derby est aussi un descendant de la duchesse Anne d'Hamilton dans la branche aînée de la ligne féminine.

N° 6.

William, deuxième duc d'Hamilton, épousa lady Elisabeth Maxwell, mourut le 12 septembre 1651. James, lord Polmont, son fils unique, mourut en son enfance. Sa fille aînée, lady Anne, devint comtesse de Southesk. A la mort du duc William, James, deuxième comte d'Abercorn, n° 11, devint l'héritier mâle de la famille Hamilton.

N° 7.

Lord John Hamilton mourut jeune et non marié.

Ligne Abercorn. | *Ligne Strabane.*

N° 11.

James, deuxième comte d'Abercorn, créé lord Strabane, en Irlande, le 8 mai 1647. Résigna ses lettres patentes de Strabane en faveur de son frère Claud. Epousa Catherine, fille et seule héritière de Gervase, lord Clifton. Mourut vers 1670. Eut trois fils (1).

N° 15.

Claud Hamilton, second fils, créé lord Strabane par lettres patentes du 24 août 1634, par résignation de son frère. Epousa lady Jane Gordon, fille de Georges, premier marquis de Huntly. Mourut en 1638. Laissa deux fils.

N° 20.

Sir William Hamilton, troisième fils, mourut en 1704 sans enfant.

N° 21.

Sir George Hamilton, baronet, quatrième fils de James, premier comte d'Abercorn. Epousa Marie, sœur de James, premier duc d'Ormonde. Mourut en 1679.

N° 12.

James, lord Paisley, épousa, en 1653, Catherine Lenthol, mourut du vivant de son père, laissant une fille unique, Catherine Hamilton, qui épousa son cousin, n° 19.

N° 13.

William Hamilton, tué dans les guerres en Allemagne avant 1657. Ne fut pas marié.

N° 14.

George, seul fils survivant, succéda à son père comme troisième comte d'Abercorn. Mourut non marié après 1670 et avant 1683.

N° 16.

James, troisième lord Strabane, noyé le 16 juillet 1655. Non marié.

N° 17.

George, quatrième lord Strabane, épousa Elisabeth Fajan, mourut le 11 avril 1668. Il eut deux fils.

N° 22.

James Hamilton, fils et héritier apparent de sir George, fut chambellan. Epousa Elisabeth, fille de lord Culpeper. Mourut en 1673, du vivant de son père.

Union des lignes Abercorn et Strabane.

N° 18.

Claud, cinquième lord Strabane en 1668, succéda à son cousin George comme quatrième comte d'Abercorn avant 1683, mourut en 1689, non marié. Eut pour successeur son frère.

N° 19.

Charles, cinquième comte d'Abercorn, sixième lord Strabane, épousa sa cousine Catherine Hamilton, fille unique de James, lord Paisley (N° 12). N'eut qu'une fille, mourut en 1701. Eut pour successeur dans son titre de comte d'Abercorn son cousin James Hamilton (N° 23).

N° 23.

James Hamilton a succédé à son cousin Charles, cinquième comte (N° 19), comme sixième comte d'Abercorn avant le 12 juillet 1701. Créé vicomte Strabane et baron de Mountcastle en décembre 1701. Siégea dans l'union-parlement d'Ecosse, 1706-1707. Epousa Elisabeth Reading. Mourut le 28 novembre 1734 (2).

N° 24.

James, septième comte d'Abercorn, épousa Anne Plumer. Mourut le 13 janvier 1743.

N° 25.

James, huitième comte d'Abercorn, créé pair d'Angleterre sous le titre de vicomte Hamilton, 8 août 1786, avec survivance, à défaut d'héritier mâle, à son neveu John, James Hamilton. Mourut non marié le 9 octobre 1789.

N° 26.

L'honorable John Hamilton épousa Harriett Craggs. Mourut en décembre 1755.

N° 27.

John James Hamilton a succédé à son oncle (N° 25), comme neuvième comte d'Abercorn et vicomte Hamilton, etc., créé marquis d'Abercorn le 12 octobre 1790. Epousa premièrement Catherine Copely. Mourut le 27 janv. 1818.

N° 28.

James, vicomte Hamilton, né le 7 octobre 1786, épousa Harriett Douglas. Mourut avant son père en mai 1814.

N° 29.

James, deuxième marquis et dixième comte d'Abercorn (né le 24 janvier 1811) etc., héritier mâle du sang de James, premier duc de Châtellerault.

(1) Ce James fut investi du titre de duc de Châtellerault en vertu de la *masculinité* du titre. — (2) Celui-ci aurait été sans contestation possible investi par l'édit de 1711, comme héritier par les mâles, si, ainsi qu'on le soutient à tort pour les Hamilton, le duché avait été originairement femelle.

Cette généalogie a été consacrée, ainsi que nous l'avons dit, par un arrêt de la Cour du shériff de la chancellerie d'Ecosse en date du 13 janvier 1862.

Nous ne pouvons reproduire ici en entier le texte de cet arrêt, qui établit, tête par tête et ligne par ligne, sans interruption, la descendance directe mâle du premier duc de Châtellerault dans la ligne des Abercorn, telle qu'elle est établie dans le tableau généalogique qui précède.

Nous n'en donnons que le dispositif ainsi conçu, sauf à en produire l'expédition authentique :

« En conséquence, nous avons reconnu et reconnaissons par ces pré-
« sentes le demandeur *pour le plus proche et légitime héritier mâle de*
« *la descendance générale dudit James*, premier duc de Châtellerault,
« comte d'Arran, etc., etc. »

Pour que les personnes étrangères aux choses judiciaires de l'Ecosse puissent comprendre la valeur et l'importance de cet arrêt de la Cour du shériff de la chancellerie d'Ecosse, nous reproduisons *in extenso* le document suivant, signé par deux illustrations du barreau écossais.

Ce document est ainsi conçu :

EXPOSÉ POUR LE TRÈS-NOBLE MARQUIS D'ABERCORN, EN VUE D'UN AVIS.

« On présente aux avocats soussignés l'expédition d'un arrêt d'envoi
« en possession (an extract decree of general service) obtenu par le
« marquis d'Abercorn devant le shériff de la chancellerie.

« Cet arrêt a reconnu Sa Seigneurie comme le plus proche et légi-
« time héritier mâle direct du sang de James, deuxième comte d'Ar-
« ran et troisième lord Hamilton dans la noblesse d'Ecosse, et duc de
« Châtellerault en France, et pendant quelque temps, régent d'Ecosse.

« Sa Seigneurie est pour le moment engagée devant les Cours de
« France, dans une instance à fin de revendication de son titre aux
« honneurs et à la dignité de duc de Châtellerault, qu'il considère lui
« appartenir, en vertu de la situation et du caractère que lui donne sa
« qualité d'héritier mâle direct du susdit duc de Châtellerault, comte
« d'Arran et lord Hamilton.

« Comme preuve de cette situation et de ce caractère, Sa Seigneurie
« se propose de produire devant les Cours de France l'expédition de
« cet arrêt d'envoi en possession, et à cet effet, on lui a conseillé d'ob-

« tenir l'avis de juristes écossais sur la nature et la valeur de cet arrêt
« pour établir la position et le caractère de Sa Seigneurie, avis qui
« sera produit devant les Cours françaises aux fins ci-dessus.

AVIS.

« Il nous a été présenté l'expédition d'un arrêt d'envoi en posses-
« sion, prononcé par le shériff de la chancellerie d'Ecosse le 13 janvier
« 1862, par lequel arrêt, le marquis d'Abercorn a été reconnu comme
« le plus proche légitime héritier mâle direct du sang de James,
« deuxième comte d'Arran, troisième lord Hamilton en Ecosse et duc
« de Châtellerault en France.

« Cette expédition d'arrêt est une copie légale et authentique d'un
« arrêt prononcé par le shériff de la chancellerie le 13 janvier 1862.

« Elle est tirée des archives de la chancellerie, où ces sortes d'arrêts
« sont conservés et elle serait reçue dans toutes les Cours d'Ecosse
« comme l'arrêt lui-même.

« Nous déclarons que l'arrêt du shériff de la chancellerie, dont
« la susdite expédition est une copie légale et authentique, a été
« prononcé conformément à la loi et par le juge compétent et que cet
« arrêt ou l'expédition de cet arrêt serait considérée dans toutes les
« Cours d'Ecosse comme établissant que le marquis d'Abercorn est
« le plus proche et légitime héritier mâle direct du sang du susdit
« comte d'Arran, lord Hamilton et duc de Châtellerault, conformément
« à la généalogie qui y est exposée.

« Un arrêt ainsi obtenu ne pourrait être attaqué que par une per-
« sonne qui prétendrait et serait apte à prouver qu'elle était le plus
« proche héritier mâle du sang du comte d'Arran, lord Hamilton et
« duc de Châtellerault, et cela par une action régulière d'opposition aux
« fins de faire annuler l'arrêt ; mais excepté dans ces circonstances,
« le susdit arrêt du shériff de la chancellerie serait tenu comme établis-
« sant péremptoirement que le marquis d'Abercorn est le plus proche
« héritier mâle du sang du comte d'Arran, lord Hamilton et duc de
« Châtellerault.

« On nous a aussi soumis un tableau généalogique montrant la
« descendance du marquis d'Abercorn et sa qualité de plus proche
« héritier mâle direct du comte d'Arran, lord Hamilton et duc de

« Châtellerault ; ce tableau a été dressé en conformité de la généa-
« logie établie dans l'arrêt et démontre que le marquis d'Abercorn
« est fondé dans sa réclamation.

« Nous avons signé l'expédition de l'arrêt, le tableau généalogique,
« comme se rapportant à notre avis.

Edimbourg, ce 7 janvier 1865.

J. MONCREIFF, lord avocat d'Écosse (1).
A. R. CLARK, avocat.

Ces documents établissent donc péremptoirement la qualité du marquis d'Abercorn, comme héritier mâle du sang direct et de plus proche descendant du premier duc de Châtellerault.

Au reste, cette qualité lui est universellement reconnue. L'opinion publique est faite à cet égard en Écosse et en Angleterre ; et si le marquis d'Abercorn a cru devoir faire consacrer sa qualité par justice, c'est uniquement pour l'opposer à des usurpations dont il avait été menacé surtout pendant sa minorité.

Après la mort de son père, en 1863, le duc Hamilton actuel dut s'adresser à la Cour du shériff de la chancellerie d'Ecosse, pour être reconnu dans les dignités et les titres de feu son père. Dans les requêtes qu'il adressa, à cet effet, à la Cour, il s'arrogea, entre autres titres nobiliaires, le titre de duc de Châtellerault.

Le 4 novembre 1863, le marquis d'Abercorn, dans un acte extrajudiciaire, protesta contre l'usurpation de ce titre.

Dans cet acte, le marquis d'Abercorn rappelle au duc de Hamilton qu'il n'est pas du sang des Hamilton, *qu'il est un descendant des Douglas*, par suite du mariage entre lord William Douglas et la duchesse Anne (2), fille de James, troisième marquis et premier duc d'Hamilton.

Il lui rappelle que ses droits à lui marquis d'Abercorn comme *héritier mâle direct*, du sang du premier duc de Châtellerault, ont été consacrés par la Cour du shériff de la chancellerie, etc., etc.;—et, en conséquence, il proteste formellement et publiquement contre l'usurpation du titre que s'est arrogé le duc Hamilton et s'oppose à ce qu'il porte ce titre.

---

(1) Le lord advocat n'est pas simplement le bâtonnier de l'ordre des avocats, c'est un personnage politique, et le premier conseiller de la reine pour toutes les choses judiciaires de l'Écosse.

(2) Voyez le numéro 5 de la généalogie.

Dans le même mois de novembre 1863, le duc d'Hamilton répondit par un acte extrajudiciaire, à la protestation du marquis d'Abercorn. — Il y soutient qu'il a seul le droit au titre de duc de Châtellerault, — que les lettres patentes n'ayant pas limité le titre aux descendants mâles, il devait revenir aux descendants par les femmes, etc., etc.

Que les Hamilton ont toujours porté ce titre, et qu'il est reconnu en faveur du duc actuel par S. M. Napoléon III, etc., etc., etc.

Ce sont là autant d'erreurs, mais il est bon de retenir dans cette réponse l'aveu qu'y fait implicitement le duc d'Hamilton, qu'il n'est pas l'héritier mâle du premier duc de Châtellerault.

Cet aveu suffirait à lui seul pour établir la qualité du marquis d'Abercorn.

Telle était la position respective des parties, lorsqu'il y a quelques mois, le hasard fit tomber dans les mains du consultant un imprimé intitulé : *Mémoire justificatif du droit qui appartient à M. le duc d'Hamilton de porter le titre de duc de Châtellerault.*

Ce mémoire, que M. le duc d'Hamilton ne jugea pas à propos de communiquer au consultant, fut, sans doute, produit au conseil du sceau à l'appui d'une demande adressée à l'Empereur, pour obtenir la reconnaissance du droit de porter le titre de duc de Châtellerault.

Dans ce mémoire, l'auteur se propose d'abord d'établir les droits encore existants aujourd'hui dans la descendance de James Hamilton au titre de duc de Châtellerault *concédé en* 1548 par le roi Henri II à James Hamilton, second comte d'Arran ;

En second lieu, de soutenir : que ce titre appartient aujourd'hui à M. le duc d'Hamilton, à l'exclusion de tous autres prétendants (*bien qu'il descende par les femmes et non par les mâles du premier duc de Châtellerault*).

En troisième lieu, que M. le marquis d'Abercorn (*qui descend par les mâles directement du premier titulaire*) ne peut revendiquer le titre dont il s'agit.

Il est à remarquer que dans la discussion à l'aide de laquelle le mémoire cherche à établir ces deux dernières propositions, on passe sous silence un document législatif de la plus haute importance, l'édit de 1711 qui forme le dernier état du droit public français relativement à la *transmission des titres de ducs*, etc.

Nous plaçons ce document sous les yeux de nos conseils pour qu'ils

en déterminent la portée véritable et en fassent, d'après les principes du
droit français, l'application à la cause.

« Art. 4. Par les termes d'*hoirs* et *successeurs* et par les termes d'*ayants*
« *cause*, tant insérés *dans les lettres d'érection ci-devant accordées*,
« qu'à insérer dans celles qui pourraient être accordées à l'avenir, ne
« seront et ne pourront être entendus que des enfants mâles descendus
« de celui en faveur de qui l'érection aura été faite, et que des mâles
« qui en seront descendus de *mâle en mâle*, *en quelque ligne ou degré*
« *que ce soit.* — Art. 9. Voulons et ordonnons que ce qui est porté par
« le présent édit pour les ducs et pairs, *ait lieu pour les ducs non pairs*
« en ce qui peut les regarder. »

Tels sont les termes aussi généraux qu'énergiques de cet édit de 1711.

Sur la demande du duc d'Hamilton, demande qui ne fut ni communi-
quée au consultant, ainsi que nous l'avons dit, ni l'objet d'un débat
contradictoire, est intervenu un décret impérial publié dans le *Bulletin
des lois* de 1864, n° 1234, et ainsi conçu :

N° 12557. — « Décret impérial (contre-signé par le garde des
« sceaux, ministre de la justice et des cultes), qui maintient et con-
« firme, en faveur de M. Guillaume-Alexandre-Louis-Etienne, duc
« d'Hamilton, le titre héréditaire de duc de Châtellerault, créé par
« le roi de France Henry II, en 1548, en faveur de James Hamilton,
« comte d'Arran. »

(Paris, 20 avril 1864.)

Le consultant demande : 1° si l'existence du titre de duc de Châtellerault dans la descendance mâle du premier duc n'est pas reconnue
et consacrée solennellement par les principes du droit public et les
actes nombreux intervenus jusqu'à ce jour ; — 2° si ce titre peut appartenir à tout autre que le consultant, marquis d'Abercorn, seul descendant par les mâles de James Hamilton, premier titulaire ; — 3° s'il est
possible de prétendre que les héritiers mâles de la ligne d'Abercorn
aient jamais renoncé au titre de duc de Châtellerault, dont ils ont été
investis en 1651 par la mort de William, deuxième duc d'Hamilton,
n° 6 de la généalogie, et en tous cas et d'une façon péremptoire par
l'édit de 1711 ; — 4° quelles sont les voies légales qui, en présence du
décret impérial, sont ouvertes au consultant pour que le droit de porter le titre dont il s'agit, soit reconnu dans sa personne, à l'exclusion
de tous autres prétendants.

CONSULTATION.

Les avocats soussignés, qui ont pris connaissance du mémoire à consulter qui précède, et de toutes les pièces à l'appui,

Sont d'avis des résolutions suivantes :

Première proposition.

LE TITRE HÉRÉDITAIRE DE DUC DE CHATELLERAULT N'A PAS CESSÉ D'APPARTENIR AUX DESCENDANTS DE JAMES HAMILTON, DEUXIÈME COMTE D'ARRAN, DEPUIS LA CONCESSION QUI LUI A ÉTÉ FAITE EN 1548.

La démonstration de cette proposition sera l'objet de plusieurs paragraphes.

Dans un premier, on établira qu'elle résulte de la nature spéciale et exceptionnelle du titre primitif.

Dans un deuxième paragraphe, que ce titre a résisté aux saisies et révocations qui ont pu atteindre les autres duchés.

Dans un troisième, que le MAINTIEN et la CONFIRMATION par l'Empereur du titre héréditaire de duc de Châtellerault est la consécration du droit à cet ancien titre, dont s'est trouvé investi le légitime possesseur en 1814.

$$\S\ 1^{er}.$$

La nature exceptionnelle de la concession du titre de duc de Châtellerault, faite par Henri II à James Hamilton, deuxième comte d'Arran, l'a conservé dans la famille du comte d'Arran.

Tous les documents rapportés dans le mémoire à consulter, et les autres pièces qui sont sous les yeux des conseils, donnent l'idée la plus complète de la nature de ce titre. C'est un *contrat synallagmatique* intervenu dans les conjonctures les plus solennelles entre le roi de France et l'héritier présomptif de la couronne d'Écosse. L'importance politique de cette espèce de traité était immense pour le roi de France. On sortait à peine des grandes guerres que la France avait soutenues contre l'Angleterre, et dans lesquelles Jacques Hamilton, comte d'Arran, plus proche héritier de la couronne d'Écosse, et tuteur de la reine Marie, avait rendu de grands services à la France. Il importait de prévenir l'accroissement de la puissance de l'Angleterre en empêchant un mariage projeté avec cette jeune reine et le roi d'Angleterre Edouard VI. Henri II songe à négocier le mariage de la reine d'Ecosse avec le dauphin son fils. A qui pouvait-il mieux s'adresser qu'au tuteur de la jeune reine pour arriver à une heureuse conclusion de cette négociation ? Il fait donc *solliciter* le comte de s'y vouloir employer pour lui.

Les deux actes qui renferment les détails de la négociation dont il s'agit sont : 1° le brevet du don du duché de Châtellerault, du 5 février 1548, au profit de messire Jacques Hamilton, comte d'Arran, protecteur, gouverneur et seconde personne du royaume d'Écosse ;

2° Les lettres patentes du don du duché de Châtellerault du même mois de février 1548, expédiées en conformité du brevet précédent.

La teneur de ces actes a une trop grande importance dans l'affaire pour que nous puissions nous dispenser d'en reproduire les principales dispositions.

« Le roy estant à Saint-Germain-en-Laye en son conseil, duquel
« estaient messeigneurs les cardinal de Lorraine et duc d'Aumalle,
« les connestable, chancellier et sieur de Saint-André, maréchal de
« France, et autres de son dit conseil privé, où aurait esté appelé
« monseigneur l'évesque de Rosse, ambassadeur d'Escosse, a dé-
« claré, présent ledit ambassadeur, comme par cy-devant il avait
« prié et requis messire Jacques Hamilton, comte d'Aran, tuteur uni-
« que de la reyne d'Escosse, protecteur, gouverneur et seconde per-
« sonne dudit royaume, durant la minorité d'icelle, de vouloir en-
« tendre à l'alliance et futur mariage, de ladite reyne avec monsei-
« gneur le dauphin son fils, et qu'estant averty que d'ailleurs il y avait
« entreprise pour prévenir ledit mariage, considéré que si cela eust eu
« lieu il eust pû à l'avenir préjudicier au repos et tranquillité de la
« république de ce royaume, il avait instamment fait solliciter ledit
« comte de s'y vouloir emploïer pour luy, luy promettant en ce faisant,
« entr'autres choses, douze mille livres de rente, en titre de ce duché,
« en cedit royaume, pour luy, ses hoirs et ayants cause, ainsi qu'il est
« plus à plein contenu ès articles de ce passez et signez de la main du-
« dit seigneur, à Chastillon *le vingt-septième jour de janvier* 1547,
« chose à quoy iceluy comte s'estait libérallement accordé ; et de faict,
« suivant cela, ayant assemblé les estats du païs, et par luy fait con-
« sentir ledit mariage, et pour la seureté d'iceluy, délivré et mis ès

« mains dudit seignèur ladite reyne d'Escosse , ensemble aucunes
« des principales et plus fortes places du royaume , de quoy ledit
« seigneur disait se sentir grandement tenu à luy, et qu'il méritait
« très bien qu'il luy en fist bonne et grande récompense, et telle qu'il
« luy avait promis faire par les susdits articles; ce qu'il avait délibéré
« faire, et sur ce, ledit évesque de Ross, fondé de procuration dudit sei-
« gneur comte, et stipullant pour lui, a remonstré audit seigneur que
« véritablement iceluy comte, avait par tous moyens cherché luy obéir
« et faire service en cet endroit, jusques à rompre toutes les entre-
« prises de ceux qui ont essayé le contraire; et qui plus estait, avait
« mis en arrière l'affection que naturellement il devait porter à son
« propre sang, d'autant que luy-mesme étant le plus proche et pré-
« somptif successeur du royaume, s'il plaisait à Dieu appeler à sa part
« ladite reyne d'Escosse, avait quelque moyen de conduire le mariage
« d'icelle reyne avec son fils, toutesfois aymant mieux gratifier audit
« seigneur et à son royaume, il aurait de son plein et franc vouloir,
« tant fait avec lesdits estats d'Escosse, que le mariage de ladite reyne
« aurait esté accordé avec monseigneur le dauphin, et icelle mise ès
« mains dudit seigneur, ensemble aucunes des principales et plus
« fortes places dudit païs, comme dit est cydessus, etc. »

Les lettres patentes expédiées en conformité du brevet ne sont pas
moins explicites. Le roi commence par déclarer : « qu'ayans égard et
« considération aux grands, vertueux, agréables et recommanda-
« bles plaisirs et services que nostre très-cher et très-aimé cousin le
« comte d'Arran, chevalier de nostre ordre, gouverneur du royaume
« d'Escosse, a par cy-devant fait à ce nostre seigneur et père le roy
« dernier décédé, que Dieu absolve, à nous consécutivement et à la
« maison et couronne de France, depuis le décèz et trépas du feu roi
« dudit Escosse dernier décédé, notre frère et cousin, et memmement
« pour avoir moyenné l'accord de mariage d'entre nostre très cher et
« très amé fils le dauphin et nostre très chère et très amée sœur et cou-
« sine la reyne d'Escosse, passé en l'assemblée des estats dudit
« royaume d'Escosse, et pour plus grande sûreté et assurance, avoir
« délivré et mis ès mains de nos députés ladite reyne, qui depuis a
« esté amenée et conduite en nostre royaume, où elle est de présent,
« et outre pour avoir mis ès mains de nosdits députés les chasteaux
« et places de Dunbar et Blackness, qui sont deux des fortes et
« plus importantes places du royaume d'Escosse, moyennant lesquels

« espérons maintenir et défendre ledit royaume contre les entreprises
« des ennemis d'icelui, en quoi faisant il a non seulement cru et
« augmenté les affaires de nostre dit royaume , mais aussi *empesché*
« *et rompu* les pratiques de leurs voisins, qui par tous moyens aspi-
« raient audit mariage, et iceux agrandir et accommoder dudit royau-
« me ; chose qui eust esté très préjudiciable à nostre estat et bien de
« nostre service. En quoy il a fait si claire démonstration, de la
« grandeur et sincérité de l'affection qu'il nous porte, qu'il est digne
« de grande récompense et reconnaissance, etc. »

Le roi ajoute : « A ces causes et après avoir mis le faict de sadite
« récompense en délibération avec les princes de nostre sang, et gens
« de nostre conseil privé, et par eux fait voir l'*accord et contrat* fait et
« passé entre nous et ledit comte, cy attaché sous le contre-scel de
« nostre chancellerie; avons par leur avis et délibération, ledit accord
« et contract, comme très juste et raisonnable, et très profitable à
« nous et à l'estat de nostre royaume, loué et approuvé, louons et
« approuvons par ces présentes, et suivant iceux accord et contract, et
« l'avis des princes de nostre sang, et gens de nostre conseil privé,
« pour aucunement rémunérer iceluy sieur comte, de ses services, *qui*
« *méritent beaucoup plus*, comme véritablement nous reconnaissons,
« avons donné, ceddé, quitté, transporté et délaissé, et par la teneur
« de ces présentes, donnons, ceddons, quittons, transportons et dé-
« laissons à iceluy nostre dit cousin, ses hoirs, successeurs, et ayans
« cause, à toujours, le duché de Chastellerault, ses appartenances et
« dépendances, ainsi qu'ils se poursuivent et comportent, en tous
« droicts, prérogatives de duché, justice haute, moyenne et basse, etc.,
« et à ce faire avons obligé et obligeons *nous*, nos biens et de nos
« *hoirs, successeurs* et *ayant cause*, pour d'icelui duché et choses dessus
« dites, jouir et user par notre cousin le comte d'Arran, sesdits *hoirs*,
« *successeurs* et *ayants cause*, etc. »

Et puis, pour que ce grand acte de rémunération d'un service écla-
tant reçût un complément qui le mît à l'abri de toute attaque, Henri II
fit expédier au comte d'Arran, au mois de juillet 1548, des lettres de
naturalité, par lesquelles, après avoir exposé, que « puis naguères il a
« donné, ceddé, transporté au comte d'Arran, pour luy, ses hoirs, suc-
« cesseurs et ayants cause, à toujours, nostre duché de Chastellerault,
« avec toutes ses appartenances et dépendances, jusques à la valeur
« de douze mille livres de rente par chacun an ; et afin que sous cou-

« leur qu'il est étranger, natif dudit royaume d'Escosse, et non de
« nos royaume et pays, l'on ne puisse après son trépas prétendre
« ledit duché, devoir nous retourner par droit d'aubeyne, et à sesdits
« héritiers, successeurs et ayants cause donner quelque trouble et
« empeschement en la jouissance dudit duché et des autres terres,
« biens, etc., etc., savoir faisons que nous désirons traiter nostre dit
« cousin le comte d'Arran en tous ses faicts, négoces et affaires, avec
« telle faveur et recommandation que le mérite la grandeur de ses dits
« services, et l'entière et sincère amitié et affection que nous connais-
« sons par effet, qu'il porte à nous et au bien de nos affaires... vou-
« lons et nous plaist qu'il ait pu, puisse, et luy loyse accepter, tenir
« et posséder ledit duché de Chastellerault, sesdites appartenances et
« dépendances, ensemble tous et chacun les biens meubles, immeu-
« bles, etc..., prendre et appréhender la possession et jouissance de
« sesdits biens, tout ainsi qu'ils feraient et faire pourraient, si nostre
« dit cousin, et sesdits enfants et héritiers estaient originaires et
« natifs de nos dits royaume et païs, et soit qu'ils soient demeurant
« en iceux nosdits royaume et païs, ou audit païs d'Escosse, et sans
« que sous couleur de ce, et en vertu des ordonnances et statuts faits
« contre les étrangers, il leur soit ou puisse être en cela fait, mis ou
« donné aucun détourbir, ennuy ny empeschement, ores ne pour le
« temps à venir. Et pour cet effet, les avons, quant à ce que dessus,
« habilitez et dispensez, habilitons et dispensons de nostre dite puis-
« sance et authorité par cesdites présentes, etc. »

Ces lettres furent vérifiées à la chambre des comptes le 26 avril 1549.

Enfin, par de nouvelles lettres, en date du 12 août 1549, adressées
aux sénéchaux du Poitou et de Châtellerault, le roi leur enjoint de
mettre « son très cher et très amé cousin le comte d'Arran, ou son
« très cher et grand ami l'évesque de Ross, ayant pouvoir et procu-
« ration de lui, en pleine et entière possession et jouissance d'icelui
« duché et des autres choses évaluées, jusqu'à ladite somme de douze
« mille livres de revenu annuel, selon et ainsi qu'il est à plein con-
« tenu, et que le portent nosdites lettres de chartres et autres, que
« pour cet effet avons fait expédier ; de ce faire vous avons donné
« et donnons plein pouvoir et autorité, commission et mandement
« spécial, mandons, etc. »

Assurément, jamais titre ne fut consacré en France par l'autorité
royale dans des conditions plus exceptionnelles : ce n'est pas vérita-

blement un don, une libéralité, une faveur du souverain ; c'est, comme
le roi le dit lui-même, un *accord*, un *contrat* synallagmatique et presque un *traité politique* entre le roi de France et l'héritier du royaume
d'Écosse, stipulant dans l'intérêt de la jeune reine et du royaume dont
il est gouverneur.

On comprend donc déjà que ce contrat se soit trouvé placé en
dehors des concessions ordinaires des titres qui n'avaient aucun des
caractères qui distinguaient la concession dont il s'agit.

Aussi allons-nous voir, au milieu des vicissitudes auxquelles les
événements politiques devaient exposer cette œuvre si solennelle, des
traités entre l'Angleterre, l'Ecosse et la France, stipuler le maintien
d'un titre, entouré dès le principe de tant de garanties par les stipulations que nous avons signalées.

Mais examinons maintenant quel a été l'effet des divers actes qui
sont successivement intervenus sur le titre dont il s'agit.

§ 2.

Les saisies et ordonnances de révocation n'ont pu détruire les effets
du contrat de février 1548.

Il est dit expressément, dans les lettres patentes de 1548, que la
concession dans laquelle le roi Henri II reconnaissait tous les caractères d'un véritable contrat « aurait lieu nonobstant toutes ordon-
« nances et révocations à ce contraire faites ou à faire. »

Néanmoins, en 1559, à la mort du roi Henri II, un édit réunit à la
couronne tous les domaines aliénés depuis un certain laps de temps,
et le procureur général du parlement de Poitiers, se fondant sur cet
édit, crut pouvoir saisir le duché de Châtellerault dont le comte
d'Arran avait joui paisiblement jusque-là.

Le comte d'Arran fit ses diligences pour obtenir la mainlevée de
cette saisie ; mais dès l'année suivante un acte très-important vint, en
quelque sorte, mettre à néant cette saisie ; c'est un traité fait le
6 juillet 1560 entre la France, l'Écosse et l'Angleterre, par lequel,
entre autres articles, il fut expressément stipulé que les seigneurs
escossais, et particulièrement *le duc de Chastellerault*, rentreraient en
possession et jouissance de toutes les terres, possessions, héritages,
estats et offices, dont ils jouissaient en France avant le sixième mars
1558, *nonobstant toutes saisies,* dont par ce traité, Sa Majesté consentit
par ses ambassadeurs *une pleine et entière mainlevée.*

Diverses circonstances, et particulièrement l'état d'insanité d'esprit de Jacques Hamilton, comte d'Arran, fils aîné de James Hamilton, ne permirent pas que l'exécution du traité de 1560 fût poursuivie comme elle aurait dû l'être ; mais en 1616, le roi d'Angleterre fit agir son ambassadeur dans l'intérêt de la famille Hamilton auprès du roi Louis XIII relativement au duché de Châtellerault, dont le traité de 1560 avait stipulé, comme nous l'avons vu, la rentrée en possession. Il ne fut pas complétement fait droit aux réclamations de la famille Hamilton ; mais la justice de ces mêmes réclamations fut implicitement reconnue par un brevet du roi Louis XIII, dont voici la teneur :

« Aujourd'huy 4 octobre 1616, le roy estant à Paris, l'ambassadeur « du serenissime roy de la Grande-Bretagne, ayant représenté à « Sa Majesté, aucunes choses sur les *prétentions du sieur marquis* « *d'Hamilton, comte d'Arran, sur le duché de Châtellerault*, comme ayant « droict du feu sieur comte d'Arran son ayeul, *auquel il avait esté ac-* « *cordé dès l'an* 1548, pour causes très importantes à cet estat, et « dont il a joui jusqu'en l'an 1559. Sa Majesté ayant égard à la recom- « mandation particulière dudit roy de la Grande-Bretagne, et aux « signalez services que *les prédécesseurs* dudit comte d'Arran ont ren- « dus à cette couronne : a accordé et accorde audit comte, la somme « de douze mille livres de pension par an, pour en jouir et en estre « doresnavant payé par les trésoriers payeurs de ses pensions, en « vertu de ses blancs et quittances, sans qu'il lui soit besoin d'autres « lettres et expéditions que le présent brevet, que Sa Majesté a voulu « signer de sa main et fait contre-signer à moy conseiller en son « conseil d'Estat, et secrétaire de ses commandements et finances. »

Au décès du marquis d'Hamilton, comte d'Arran, nouveau brevet du roi *du 4 octobre* 1625 de la même pension de douze mille livres *pour les considérations*, y est-il dit, contenues dans le brevet du 4 octobre 1616.

Le 10 octobre 1649, brevet du roi Louis XIV de ladite pension de douze mille livres, toujours par les mêmes considérations exposées en ces termes dans ce dernier brevet : « Le roy estant à Paris, s'estant « fait représenter les brevets des 4ᵉ octobre 1616 et 4ᵉ octobre 1625, « par lesquels a été accordé au comte d'Arran et d'Hamilton, la somme « de douze mille livres de pension annuelle en considération de leurs « prétentions au duché de Châtellerault, comme ayant droit du feu « comte d'Arran, leur bisayeul, auquel il avait esté accordé dès

« l'an 1548, pour causes très importantes, et dont il a joui jusqu'en
« l'année 1549, etc. »

En 1658, 1659, 1660 et 1661, ordonnances du roi Louis XIV en
paiement de la même somme pour *les considérations énoncées* dans les
lettres patentes qui ont été expédiées.

En 1685, James Hamilton se prétendant aux droits de la duchesse
Anne, présenta de nouveau une requête au Roi, qui se termine ainsi :

« A ces causes , Sire , plaise à Votre Majesté, ordonner que ce sup-
« pliant sera remis et restabli dans la *libre possession et jouissance du*
« *duché de Châtellerault, appartenances et dépendances* , et des autres
« choses comprises , dans le don dont il s'agit , avec restitution des
« fruits, sur le prix de douze mille livres de rente par chacun an , et
« ce depuis l'année 1657 jusqu'à la présente année 1685. »

Enfin les droits de la famille d'Hamilton au duché de Châtellerault
qui avaient fait l'objet de la clause spéciale du traité de 1560, étaient
si loin d'être tombés en oubli, que nous les retrouvons réservés
par un des articles du fameux traité d'Utrecht, du 11 mars 1713,
où stipulent les deux grandes puissances qui avaient participé au
traité de 1560.

L'art. 22 de ce traité porte, en effet : « Le Roy très-chrétien promet
« encore qu'il fera incessamment après la paix, faire droit à la famille
« d'Hamilton au sujet du duché de Châtellerault; au duc de Riche-
« mont sur les prétentions qu'il a en France, etc. » (1)

Si nous tirons de tout ce qui précède la conclusion qui semble se produire d'elle-même, n'est-il pas évident que les descendants de James

---

(1) Ces prétentions avaient trait à la *terre d'Aubigny*, de même origine que le
duché de Châtellerault, et donnée en 1673 par lettres patentées de Louis XIV à
la duchesse de Portsmouth, dame française; née Mademoiselle de Querrouelle,
« et après elle, à celui des fils naturels dudit Roi de la Grande-Bretagne, que ce
« Roi désignera et aux descendants mâles, en droite ligne dudit fils naturel. » Le
Roi de la Grande-Bretagne désigna le prince Charles II, premier duc de Richemond, son fils naturel, pour succéder à la duchesse de Portsmouth, dans la terre
d'Aubigny. Comme le duché de Châtellerault, le duché d'Aubigny fut pendant la
guerre de la Succession mis sous le séquestre. La clause du traité d'Utrecht empêcha la confiscation de la terre d'Aubigny et eut assez de force pour faire insérer
dans le traité de Paris en 1814, une clause particulière et secrète en vertu de
laquelle le troisième duc de Richemond obtint la délivrance et fut remis en possession de cette terre le 30 novembre 1814.

Hamilton n'ont jamais été légalement dépouillés de leurs droits au duché de Châtellerault? Ces droits, objets de stipulations solennelles dans des contrats passés entre le Roi de France et l'héritier présomptif du royaume d'Écosse ; ces droits revendiqués par des traités politiques à plusieurs époques ; reconnus soit explicitement, soit implicitement par des actes successifs émanés des successeurs de François II, ces droits ont survécu aux saisies qui étaient frappées de nullité par les traités qui les ont suivies, parce qu'elles ne reposaient ni sur la justice ni sur l'équité.

Le duché de Châtellerault ne s'est donc trouvé aboli comme tous les autres duchés qu'à la Révolution ; l'Assemblée constituante supprima en effet les *seigneuries* en 1789 et les *titres* en 1790.

Mais la Charte de 1814 rétablit les titres par son article 71 portant :

« La noblesse ancienne reprend ses titres ; la nouvelle conserve « les siens. Le Roi fait des nobles à volonté, etc. » Cette disposition fut reproduite par l'article 62 de la Charte de 1830.

Un décret du gouvernement provisoire, du 29 février 1848, prononça de nouveau l'abolition des titres de noblesse.

Ce décret s'est trouvé abrogé à son tour par le décret du prince-président de la République, en date du 24 janvier 1852.

L'ancienne noblesse se trouva donc replacée dans les termes de la Charte de 1814.

Les duchés en tant que seigneuries restèrent abolis ; mais les titres qui s'y rattachaient purent être repris et furent, en effet, repris par les descendants des anciens titulaires.

§ 3.

Le MAINTIEN *et la* CONFIRMATION *du titre héréditaire de duc de Châtellerault, par le décret du 20 avril 1864, est la consécration du droit à cet ancien titre, dont s'est trouvé investi le légitime possesseur en 1814.*

Ce décret renferme deux dispositions bien distinctes : la première, par laquelle il maintient et confirme le titre lui-même ; la seconde, par laquelle il dispose de ce titre en faveur de M. Guillaume-Alexandre-Louis-Etienne duc d'Hamilton.

La seconde disposition sera l'objet d'un examen ultérieur ; mais ce qui résulte de la première jusqu'au dernier degré d'évidence, c'est que le maintien et la confirmation du titre en lui-même sont la reconnaissance formelle par le souverain , des droits des descendants de James Hamilton « au titre héréditaire de duc de Châtellerault » tel que ce titre leur avait été attribué par le contrat de 1547, en d'autres termes, et pour nous servir des expressions mêmes du décret, « *tel qu'il* « *a été créé par le Roi de France Henry II, en faveur de James Hamil-* « *ton, comte d'Arran.* »

Cette reconnaissance du titre en lui-même est dans LES ATTRIBUTIONS SOUVERAINES DE LA COURONNE, parce qu'il appartient à l'Empereur seul, d'après les lois fondamentales et constitutionnelles de l'Empire, de donner les titres nobiliaires et conséquemment de maintenir et confirmer les anciens (art. 6 du décret du 8 janvier 1859).

On se rend encore mieux compte des véritables caractères du décret impérial si l'on en rapproche les termes de ceux d'un autre décret, publié le même jour dans le Bulletin des lois et ainsi conçu :

« Art. 1er. Nous concédons à M. de Talleyrand-Périgord (Nicolas-« Raoul-Adalbert), pour en jouir lui et ses descendants directs légitimes « de mâle en mâle par ordre de primogéniture, le titre de duc de « Montmorency, qui *s'est éteint* en la personne de son oncle maternel « M. Aimé-Louis-Raoul Victor, décédé sans postérité le 18 août 1862.»

Ainsi, ce décret renferme la concession d'un titre *éteint*. L'Empereur le concède à nouveau avec les conditions de la transmission sous lesquelles les titres peuvent seulement passer du titulaire à la postérité, c'est-à-dire, à la descendance directe légitime de mâle en mâle par ordre de primogéniture.

Dans le décret relatif au titre *héréditaire* du duc de Châtellerault, il y a le *maintien* et la *confirmation* d'un titre *existant*, qui avait été créé en 1548 et nécessairement dans les conditions auxquelles étaient soumis les anciens titres. Aussi ne trouve-t-on plus dans le décret les conditions de transmission de mâle en mâle, inhérentes au titre lui-même, d'après les lois de la matière et sans qu'il fût besoin dès lors, d'en faire mention.

Deuxième proposition.

*Le titre de duc de Châtellerault, d'après les principes les plus constants
de notre droit public et civil, appartient à M. le marquis d'Abercorn,
à l'exclusion de tous autres prétendants.*

Si on remonte, en effet, à l'institution première du duché de Châtellerault, on voit qu'il a été constitué en fief. Comme tous les
duchés, le titre s'est confondu avec le fief et en est devenu un accessoire ; ou, pour parler le langage des feudistes, le titre s'est trouvé
glebé.

Mais ce titre, dont le décret du 20 avril 1864 a reconnu l'EXISTENCE
EN LE MAINTENANT, s'est nécessairement séparé de la terre, soit antérieurement à la Révolution, soit à la Révolution même.

Nous avons vu dans le § 2 de la proposition qui précède, qu'à raison
du caractère exceptionnel du contrat de 1548, et aussi par suite des
traités de 1560 et 1713, auxquels il faut ajouter la reconnaissance implicite des successeurs de Henri II, le droit au *duché* même de Châtellerault n'a cessé d'appartenir aux descendants de James Hamilton
qu'à la Révolution de 1789.

Mais si on veut qu'antérieurement à la Révolution la saisie du
duché de Châtellerault ait produit des effets sur le fief lui-même, on
arrivera encore à cette conséquence, que le titre, *même séparé du fief*,
n'a jamais été disputé à la même famille dans laquelle il est resté.

M. le duc d'Hamilton, dans la brochure qu'il a produite sans doute
au Conseil du sceau à l'appui de la demande qu'il avait formée à
l'insu de M. le marquis d'Abercorn, établit ce point d'une manière
péremptoire à l'aide des documents que renferme *la correspondance
diplomatique de Bertrand de Salignac de la Mothe Fénélon, ambassadeur
en Angleterre de 1568 à 1575.* Les registres de cette correspondance,
dont les originaux sont conservés aux archives de l'Empire, ont été
publiés à Paris en 7 volumes in-8°.

1° Dans une dépêche, en date du 22 novembre 1568, l'ambassadeur annonce au roi de France que « les députés, qui étaient assem
« blés à York pour le fait de la reine d'Écosse, sont déjà à Hampton-
« court et le *duc de Châtellerault* aussi. »

2° A une dépêche du 6 avril 1569 se trouve annexé le traité connu sous le nom de Convention de Glasgow, du 13 mars 1569. L'intitulé porte « que la convention est passée entre le régent d'Ecosse (le comte « de Murrey) et ses amis d'une part , et le comte de Cassilis , le sieur « de Herni et l'abbé de Kilwining ; au nom de M. *le duc de Châtelle-* « *rault* et autres, ses adhérents de la noblesse, d'autre part. »

3° Dans une lettre de Marie Stuart à la Mothe Fénélon , jointe à la dépêche du 3 avril 1569 , dans une autre lettre de la reine d'Ecosse , en date du 18 avril, jointe à la dépêche du 12 mai , la Reine rapporte les menaces faites par Elisabeth au *duc de Châtellerault*, lors de son départ d'Angleterre pour retourner en Ecosse.

4° Une dépêche du 27 avril 1570 , dans laquelle l'ambassadeur annonce au Roi que le *duc de Châtellerault...* se sont venus loger avec bonnes forces sur une rivière pour s'opposer aux comtes de Marr et de Morton.

5° Les dépêches des 13, 22, 27 mai et 1ᵉʳ juin 1570 désignent également le *duc de Châtellerault* sous ce titre.

6° Dans les dépêches de 1571. C'est le Roi lui-même qui donne ce titre au duc de Châtellerault, en écrivant, le 18 juin 1571, à son ambassadeur :

« J'espère que Vérac sera dans huit ou dix jours en Ecosse , avec « lettres et moyens, tant au *duc de Châtellerault*, laird de Grange, Le- « dington, que autres seigneurs d'Ecosse que j'estime , qui me sont « affectionnés et à madite sœur la reine d'Ecosse, pour toujours les « entretenir en toute bonne affection et encore comme je désire qu'ils « soient, *suivant nosdits anciens traités.* »

Ainsi depuis la saisie de 1559 James Hamilton ne cessa pas de porter le titre de duc de Châtellerault, soit qu'on le considérât comme n'ayant pas cessé d'avoir droit au duché même, soit qu'on le considérât comme toujours investi du *titre* séparé du fief. C'est seulement à la Révolution, comme nous l'avons dit, que ses descendants furent dépouillés, en 1789, du duché et du titre , si le duché n'avait pas cessé d'exister dans la famille Hamilton et du titre en 1790 , si le titre s'était séparé du fief.

Mais , en 1814, les descendants de James Hamilton *recouvrèrent* de plein droit, non le duché qui se trouvait définitivement aboli comme tous les autres duchés de France , mais le titre qui avait survécu au duché.

Tout ceci posé, quels étaient les descendants de James Hamilton qui se trouvaient légalement investis du titre de duc de Châtellerault au moment de la révolution de 1789 et en 1814?

Entre les descendants le seul qui pût avoir droit au titre en 1814, était le marquis d'Abercorn, aïeul du consultant.

1° Parce que le duché étant mâle dès le principe, ses auteurs en avaient été investis au moment où la descendance mâle s'était éteinte dans la branche aînée.

2° Parce que le duché n'eût-il pas été mâle dans le principe, il l'était devenu par la force de la déclaration souveraine et de droit public écrite dans l'acte de 1711.

Établissons ces deux points.

<h2 style="text-align:center">§ 1er.</h2>

Le caractère de duché mâle dans le titre de duc de Châtellerault, concédé en 1548, ressort des principes du droit public et des divers documents législatifs intervenus dans la cause, ainsi que de la reconnaissance des parties elles-mêmes.

Si on remonte à l'origine des fiefs, il est facile de se convaincre que les duchés devaient avoir par leur nature même le caractère de duchés mâles.

Ils puisaient ce caractère dans la *loi salique* dont l'art. 6, titre 62, le plus important de tous et qui devint en 1317 la loi fondamentale de la succession à la couronne, portait que les *mâles* seuls pourront succéder à la terre salique (ou *lod*, fief donné au guerrier, en vue du service militaire).

Les duchés se liaient donc intimement au régime féodal : or le principe de ce régime consistait dans l'investiture du fief moyennant le serment de foi et hommage que le seigneur prêtait au suzerain.

Gœstmann, dans son *Traité du droit commun des fiefs*, nous apprend quelles étaient les obligations vassaliques que renfermait le serment de foi et hommage. « Le vassal, dit-il, lorsqu'il est requis, est tenu de *suivre son seigneur à toute guerre* justement entreprise, *de le défendre et de combattre pour lui contre tous et un chacun*, sans en excepter d'autres seigneurs, dont il tiendrait des bienfaits postérieurement reçus (T. 1er, p. 122) ».—Aussi tous les feudistes sont-ils d'accord sur ce point que de droit commun *tout fief était masculin* (Gœstmann, t. 1er, p. 92).

L'érection, par le prince, d'un duché héréditaire femelle sous l'empire de la loi salique, et soumis aux conditions que nous venons de rapporter était donc une anomalie, une institution en contradiction flagrante avec les règles fondamentales de la monarchie.

Nous ne prétendons pas aller jusqu'à nier que le roi ne pût, en vertu de *sa toute-puissance*, donner à un duché la qualité de duché *femelle;* mais ce qu'il faut du moins conclure de ce qui précède, c'est que comme c'était là une dérogation au droit commun, et une sorte d'infraction au principe même du régime féodal, il fallait que l'intention royale fût manifestée en termes formels.

Or cette intention résulte-t-elle suffisamment dans l'espèce, des termes de la clause insérée dans l'acte de 1548, portant « avons cédé, « quitté, transporté à iceluy notre dit cousin, *ses hoirs, successeurs et* « *ayants cause*, à toujours, le duché de Châtellerault, etc. »

1° Si, comme cela est constant, l'hérédité des fiefs avait son principe dans la loi salique qui ne voulait pas que les duchés plus que la couronne tombassent en quenouille, n'est-il pas évident que le prince en se servant de ces expressions dans l'érection d'un duché ne pouvait pas avoir l'intention de leur donner un sens autre que celui qui découlait du principe même en vertu duquel il possédait sa couronne, c'est-à-dire des hoirs, successeurs et ayants cause *mâles* du titulaire ?

2° N'est-ce pas ce qui résulte encore du rapprochement de ces expressions, de celles par lesquelles le roi, dans l'acte de concession de 1548, s'oblige lui-même et oblige ses *hoirs successeurs* et *ayants cause*, à garantir le duché au titulaire, ses *hoirs, successeurs* et *ayants cause*, etc. ? ces termes identiques ne peuvent évidemment signifier que *des héritiers mâles* de la couronne de Henri II, car les héritiers n'étaient et ne pouvaient être que des *hoirs mâles*.

3° Et si tel était le sens des expressions par lesquelles le roi entendait appeler à l'hérédité du duché les hoirs du titulaire, telle était et devait être aussi l'intention de ce dernier. Comment comprendre, en effet, que James Hamilton, dont tous les autres titres étaient *mâles*, aurait voulu consentir à la constitution d'un duché femelle, contrairement aux lois fondamentales qui régissaient les titres?

4° Mais ce qui ne laisse aucune prise au doute, sur le sens dans lequel cette clause devait être entendue, c'est l'interprétation même qui lui a été donnée par un document législatif, dont les termes sont aussi clairs que formels : nous voulons parler de l'édit de 1711.

Cet édit dont les dispositions se retrouvent déjà dans l'édit de juillet 1566, et dans l'art. 279 de l'ordonnance de Blois, a été reproduit dans le mémoire à consulter, par le consultant qui nous demande d'en déterminer les caractères et la véritable portée.

Il suffit de lire avec quelque attention le préambule de cet édit, pour reconnaître que c'est là un de ces actes de haute politique rendus par le roi, en vertu de son pouvoir suprême et absolu.

« Les titres de pairs de France, aussi distingués autrefois par leur
« rareté qu'ils le seront toujours par leur élévation, se sont multipliés.
« Toutes les grandes maisons en ont désiré l'éclat ; plusieurs l'ont
« obtenu ; et, par une espèce d'émulation de faveur et de crédit, elles
« se sont efforcées à l'envi de trouver dans le comble même des hon-
« neurs, de nouvelles distinctions par des clauses recherchées avec
« art, soit pour perpétuer la pairie dans leur postérité au delà de ses
« bornes naturelles, soit pour faire revivre en leur faveur des rangs
« qui étaient éteints et des titres qui ne subsistaient plus.

« Dans celles des dispositions nouvelles et singulières que l'ambition
« des derniers siècles a ajoutées à la simplicité des premières érections,
« les officiers de notre parlement de Paris, juges naturels, sous notre au-
« torité, des différends qui se sont élevés au sujet des pairies, entraînés
« d'un côté par le poids des règles générales, et retenus de l'autre *par*
« *la force des clauses particulières* qu'on opposait à ces mêmes règles,
« ont cru devoir *suspendre leur jugement* et se contenter de rendre
« *des arrêts provisionnels*, comme pour nous marquer par là que le
« respect attendait de nous *une décision suprême qui, fixant pour tou-*
« *jours les droits des pairies*, pût distinguer les différents degrés d'hon-
« neurs qui sont dus aux princes de notre sang, à nos enfants légitimés
« et aux autres pairs de France, affermir les véritables principes de la
« transmission des pairies, ou masculines ou féminines, *et déterminer*
« *souverainement le sens légitime de toutes les expressions équivoques*
« à l'ombre desquelles on a si souvent opposé, en cette matière, la
« lettre de la grâce à l'esprit du prince qui l'a accordée. C'est cette
« loi, *désirée depuis si longtemps*, que nous avons enfin résolu d'ac-
« corder aux souhaits des premiers magistrats, à l'avantage des grandes
« maisons du royaume, au bien-être de notre état toujours intéressé
« dans les règlements qui regardent une dignité si éminente. »

Après ce préambule, dans lequel la volonté royale se manifeste avec une si grande autorité, viennent trois articles qui fixent, le premier, les prérogatives des princes du sang royal ; le second, celles des enfants légitimés ; le troisième, celles *des ducs et pairs ;* et c'est à la suite de ces dispositions que se trouve l'article 4 ainsi conçu :

« Par les termes d'hoirs et successeurs et par les termes d'ayant « cause tant insérés *dans les lettres patentes ci-devant accordées qu'à in-* « *sérer dans celles qui pourraient être accordées à l'avenir*, ne seront et « ne pourront être entendus que les *enfants mâles* descendus de celui « en faveur de qui l'érection aura été faite, et que les mâles qui en « seront descendus de mâles en mâles en quelques ligne et degré que « ce soit : » L'art. 9 du même édit étend cette disposition en ces termes, aux ducs non pairs : « Voulons et ordonnons que ce qui est « porté par le présent édit pour les ducs et pairs, ait lieu pour les « ducs non pairs en ce qui peut les regarder. »

Dans le préambule que nous venons de rapporter, nous retenons ceci, c'est que les officiers du parlement attendaient du prince une décision suprême pour « *déterminer souverainement le sens légitime de* « *toutes les expressions équivoques* à l'ombre desquelles on a si souvent « opposé, en cette matière, la lettre de la grâce à l'esprit du prince « qui l'a accordée. »

Evidemment ces expressions *équivoques* dont parle le préambule, sont ces expressions d'*hoirs*, *successeurs* et *ayants cause* qu'on trouvait dans les actes de concession des titres, et le sens que l'auteur de l'édit va leur reconnaître dans l'art. 4 de l'édit est le *sens légitime* qui a dû leur appartenir dès le principe d'après le droit commun des fiefs.

Or, d'après ledit art. 4 de l'édit, ce *sens légitime* des mots hoirs, successeurs et ayants cause, insérés dans les lettres patentes ci-devant accordées, n'est pas le sens général que dans les transactions ordinaires on donne à ces mots ; mais le sens restreint d'*enfants mâles* descendus de celui en faveur de qui l'érection a été faite.

Ainsi, il est bien entendu que les *hoirs*, *successeurs* et *ayants cause*, dans les lettres patentes de 1548, ne pouvaient être que les *héritiers mâles*, et que si, par suite, d'autres que des héritiers mâles s'étaient mis en possession des duchés ou des titres, ils auraient possédé indûment et sans droit ; car l'interprétation donnée en 1711 est souveraine comme l'était la concession, et s'est confondue avec les lettres patentes par application du principe : *Si enim in præsenti leges condere soli imperatori concessum est, et leges interpretari solo dignum imperio esse oportet.*

Cela est encore plus vrai, lorsqu'il est question d'un duché qui était saisi et qu'il s'agit de déterminer pour fixer les droits des possesseurs actuels, quel a été celui des ancêtres qui en a été investi légalement. Le véritable sens de la clause, telle qu'elle avait été insérée dans l'acte de 1548, le sens *légitime* était désormais fixé : il est clair aujourd'hui qu'à la mort du dernier descendant mâle dans la branche aînée des Hamilton, le titre de duc de Châtellerault a passé, non à la fille du duc William (1), ni à la fille de James premier duc d'Hamilton, mais à leur cousin, qui était l'héritier mâle le plus proche et qui était devenu deuxième comte d'Abercorn (n° 11 de la généalogie).

Et, ce qu'il y a de plus remarquable et de plus concluant dans l'espèce, c'est qu'en effet les choses se sont passées ainsi : si on veut se reporter à la généalogie, page 5, on verra que le premier duc d'Hamilton (n° 6) mourut, *le 9 mars* 1649, sans héritier mâle, laissant deux filles, dont l'une fut la duchesse Anne. Si le duché eût été femelle, il aurait dû passer à la duchesse Anne, héritière plus proche des autres biens et titres du duc d'Hamilton, son père; cependant le titre passe à son collatéral, l'héritier mâle William, deuxième duc d'Hamilton, ce que reconnaît positivement l'auteur de la brochure faite dans l'intérêt du duc d'Hamilton, et ce qui est démontré d'ailleurs par le brevet du 10 *octobre* 1649, dans lequel Louis XIV reconnaît solennellement le droit de *William*, en lui accordant une indemnité.

Ainsi, en 1649, les descendants du duc James d'Hamilton entendaient les hoirs, successeurs et ayants cause, comme le roi Louis XIV, dans l'édit interprétatif de 1711, et reconnaissaient que le titre de concession de 1548 ne s'appliquait qu'aux *hoirs mâles*.

Mais à la mort de William, en 1651, le droit n'avait pas changé, c'était encore un *hoir mâle* et non la duchesse qui se trouvait investi du titre : c'est-à-dire en recourant encore à la généalogie (n° 11), James, deuxième comte d'Abercorn, qui mourut en 1670, et qui transmit son titre aux ancêtres du consultant.

Et le duché étant saisi, comme ce n'était que du droit en lui-même que les véritables propriétaires pouvaient être investis, et qu'ils ne détenaient rien en réalité, le deuxième comte d'Abercorn (généalogie,

---

(1) Lady Anna Hamilton, la fille aînée du duc William, a épousé Robert, troisième comte de Southesk. Elle n'a jamais pris le titre de duchesse de Châtellerault, quoiqu'elle eût résidé à Paris pendant bien des années après la mort de son père.

n° 11) crut devoir faire une protestation en 1651, pour faire connaître à tous ses droits, comme seul héritier mâle, à cette époque, du premier titulaire James Hamilton (Voir cette protestation page 35).

Il est donc démontré que le titre héréditaire de duc de Châtellerault était tenu dès le principe pour duché mâle et considéré comme tel par toutes les parties elles-mêmes; que par suite, à la mort de William, dernier des mâles de la branche aînée, en 1651, le titre a passé à un des ancêtres du consultant auquel il appartient aujourd'hui comme seul descendant par les mâles de James Hamilton, premier titulaire.

§ 2.

Le principe que le duché de Châtellerault était mâle dès l'origine nous paraît rigoureusement démontré dans le § qui précède; mais en se prêtant à l'hypothèse contraire, il est impossible en tous cas de nier qu'à partir de la publication de l'édit de 1711 ce titre est devenu mâle.

Nous avons rappelé plus haut les termes du préambule de l'édit de 1711 et les expressions si énergiques de l'art. 4 de cet édit : nous avons vu que la volonté du prince avait été *de déterminer souverainement le sens légitime de toutes les expressions équivoques;* or, cet art. 4 de l'édit, qui est une véritable loi de l'État, puisqu'il émane du souverain législateur de cette époque, en déclarant que les termes d'*hoirs, successeurs* et *ayants cause, insérés dans les lettres patentes ci-devant accordées,* ne seront et ne pourront être entendus que des *enfants mâles,* descendus de celui en faveur de qui l'érection aura été faite, a voulu fixer et a fixé le *sens légitime* de ces expressions, de sorte qu'il n'aura plus été possible de les entendre dans un autre sens, sans violer ouvertement le texte et l'esprit de l'édit royal.

Le *sens légitime* de ces expressions *hoirs successeurs* et *ayants cause,* insérées dans les lettres patentes de 1548, ne peuvent donc désormais s'entendre que des *enfants mâles* descendus de celui en faveur de qui l'érection avait été faite, et que des mâles qui en seront descendus de mâles en mâles en QUELQUE LIGNE et *degré que ce soit.*

Or, si dans la première hypothèse, celle où ces mêmes expressions ont dû s'entendre *des enfants mâles,* dans le titre originaire, nous avons vu qu'à la mort de William, le titre mâle, dès cette époque, n'a passé en 1651, ni à la fille du duc William, ni à sa nièce la duchesse Anne, mais à James, deuxième comte d'Abercorn (n° 11), dans l'hypothèse actuelle, le droit au titre à partir de l'édit de 1711 aurait passé de la duchesse Anne à l'héritier *mâle* existant à cette époque.

Quel était donc cet héritier mâle? Il suffit, pour le trouver, de parcourir le tableau généalogique du marquis d'Abercorn, qui comprend aussi la généalogie des ducs d'Hamilton, jusqu'à la duchesse Anne (page 5 du mémoire à consulter).

Si l'on se reporte au n° 5 de ce tableau, on voit que « James, troisième marquis d'Hamilton, créé duc d'Hamilton le 12 avril 1643, épousa lady Mary Fielding et MOURUT SANS ENFANTS MÂLES le 9 mars 1649, *laissant une fille aînée qui fut la duchesse Anne.*

A la mort de ce premier duc d'Hamilton son titre de duc de Châtellerault passa, comme nous l'avons déjà vu, à son frère William, fils puîné de James, second marquis d'Hamilton. William étant mort en 1651, après la perte d'un fils mort en son enfance, son titre, dans l'opinion de ceux qui prétendraient qu'il était *femelle*, aurait retourné à la duchesse Anne, en 1651.

Celle-ci aurait donc succédé au titre dont il s'agit, ou plutôt, comme le duché était saisi, elle aurait été investie du droit au duché; mais comme à sa mort, arrivée en 1716, l'Édit de 1711 était publié, ses héritiers, qui se trouvaient héritiers par une femme et non par les mâles, auront été frappés par l'Édit de l'incapacité de succéder à la duchesse, et l'héritier par les mâles (*c'est-à-dire le descendant par les mâles de lord Claud Hamilton, créé lord Paisley en* 1591, *quatrième fils du premier titulaire James Hamilton*), aura été saisi du droit au titre, en vertu de l'adage que le mort saisit le vif, son hoir plus proche et habile à lui succéder.

Il est évident en effet que l'*hoir* ou l'ayant cause le plus proche en 1716 du premier duc d'Hamilton et de son frère William, soit en vertu de la masculinité du duché, soit en vertu de l'Édit de 1711, était, quant au titre de duc de Châtellerault, celui des descendants par les mâles qui existait à cette époque dans la ligne d'Abercorn et qui a dû transmettre par la force du même principe le titre de duc de Châtellerault dont il était investi à son tour à tous ses descendants par les mâles jusqu'au marquis d'Abercorn actuel inclusivement; et si l'on veut se reporter encore au tableau généalogique n° 23, on voit que l'héritier par les mâles en 1716 était James Hamilton, sixième comte d'Abercorn, mort en 1734.

La conséquence qui résulte invinciblement de là, c'est que le marquis d'Abercorn (John James Hamilton), créé marquis d'Abercorn en 1790, mort en 1818 (Voir le tableau généalogique n° 27), était, au moment de la Révolution, investi du droit au titre de duc de Châtellerault ; que le titre lui a été enlevé à lui et non à d'autres par les lois révolutionnaires de 1789 et 1790, et qu'il a *repris* ce titre, en 1814, en vertu de la Charte du roi Louis XVIII.

La conséquence enfin qui résulte de là, c'est que le titre appartient aujourd'hui à son petit-fils James, deuxième marquis et dixième comte d'Abercorn, *né le 21 janvier* 1811, qui est le consultant. (Voir le tableau généalogique n° 29.)

Nous ignorons par quels moyens on pourrait chercher à combattre une argumentation qui repose sur les principes les plus incontestables et les plus élémentaires du droit.

Cet Edit de 1711, qui se rattachait aux institutions du droit public d'alors, a toujours été religieusement exécuté ; dans une affaire jugée récemment, la Cour suprême était appelée à statuer sur un pourvoi dirigé contre un arrêt de la Cour impériale de Paris.

Le pourvoi était fondé précisément sur la fausse application de l'Edit de 1711. La Cour, dans son arrêt, consacre le motif émis par la Cour impériale : « que loin d'être tombées en désuétude, les dispositions de « cet Edit de 1711, en ce qu'elles touchent à la transmission des titres « et dignités, sont en parfaite conformité avec notre législation. »

(Arrêt de la Cour impériale, du 10 juin 1859 et de la Cour de cassation, du 15 juin 1863. Sirey, 63, 1, 280.)

L'application des principes consacrés par cet Édit s'est même faite tout récemment dans une circonstance que nous a révélée le compte rendu des plaidoiries qui ont eu lieu dans la contestation soulevée devant les tribunaux par le décret relatif au titre de duc de Montmorency. L'avocat de M. de Talleyrand-Périgord nous apprend en effet qu'en même temps qu'une demande en collation du titre était adressée à l'Empereur par M. de Talleyrand-Périgord, une autre demande était présentée par M. le prince de Beaufremont, qui prétendait « que le « duché de Montmorency était femelle, qu'il devait, à défaut de mâle, « se transmettre par les femmes, et que, comme il représentait, par « ordre de primogéniture, le droit féminin, c'était sur sa tête que le « titre devait désormais reposer. »

« Le conseil du sceau émit bon avis, ajoute l'avocat ; il déclara que « le droit réclamé au nom de M. le prince de Beaufremont était un

« droit irrévocablement éteint, que le duché avait été femelle ; mais
« la faculté de transmissibilité féminine avait été épuisée, *aux termes*
« *des Édits*, par le mariage du marquis de Fosseux avec la descendante
« des Montmorency-Luxembourg, et dès lors que le titre ne pouvait
« pas se relever de lui-même en faveur de M. le prince de Beaufre-
« mont. » (Plaidoirie de M. Nicolet, audience de la première chambre
du tribunal civil de la Seine. Journal *le Droit* du 14 janvier 1865.)

Ce fait énoncé par l'avocat de M. de Talleyrand-Périgord est d'ailleurs clairement expliqué dans le *mémoire de la famille de Montmorency*
qui cite *les lettres patentes* par lesquelles le principe est consacré. Il
n'est pas inutile de les reproduire ici pour mieux faire ressortir les
différences qui existent entre le titre du duc de Montmorency et celui
du duc de Châtellerault.

« Le 13 juillet 1688, lit-on dans le mémoire, p. 38, le Roi avait
« érigé en duché-pairie le duché de Beaufort acquis le 13 mars de la
« même année par Charles - François - Frédéric de Montmorency-
« Luxembourg, prince de Tingry ; le 2 janvier 1690, de nouvelles let-
« tres patentes donnèrent le nom de Montmorency au duché de Beau-
« fort, et la petite ville de Beaufort reçut elle-même le nom de Mont-
« morency, comme celle de Montmorency avait reçu le nom d'Enghien.

« Ce second duché était, comme le premier, *femelle* ; mais bientôt
« l'Édit de 1711 supprima pour l'avenir les duchés femelles, et lors-
« qu'en 1757 Anne-Charlotte de Montmorency-Luxembourg, fille
« unique et héritière du duc de Montmorency, porta le duché à son
« cousin Anne-Léon de Montmorency, marquis de Fosseux, le droit
« de transmission par les femmes fut définitivement épuisé ; cette
« dernière transmission fut ratifiée par des lettres patentes dont il est
« utile d'examiner la teneur :

« Le mariage de notre très-cher et bien-aimé cousin Anne-Léon de
« Montmorency, chef des noms et armes de sa maison, avec notre très-
« chère et bien-aimée cousine, Anne-Charlotte de Montmorency-
« Luxembourg, ayant été proposé, nous avons été déterminé par les
« motifs les plus pressants à y donner notre agrément. Ledit sieur
« marquis de Fosseux est destiné à être le chef de cette maison, qui,
« par la très-grande ancienneté de sa noblesse, l'éclat de ses alliances,
« les grands hommes qu'elle a produits et les dignités éminentes dont
« ils ont été revêtus, est une des plus illustres de notre royaume ;
« d'autre part, ladite demoiselle, née de la même famille, est la fille

« aisnée d'une branche à laquelle le mariage de François-Henri comte
« de Montmorency, duc de Luxembourg, pair de France, avec Made-
« leine-Charlotte-Bonne-Thérèse de Clermont-Luxembourg, ses tri-
« sayeux, a procuré l'avantage de représenter l'ancienne maison de
« Luxembourg qui, par le trosne impérial, qu'elle a occupé et le grand
« nombre de souverains qui en sont issus, a été une des plus distin-
« guées de l'Europe ;.....

« A défaut d'hoirs et descendants mâles, lesdits titres et dignités
« demeureront *éteints* et les terres et seigneuries qui en dépendent
« retourneront aux même et semblable état où elles étaient avant
« ladite érection, sans que Nous, ni nos successeurs Rois puissent
« prétendre aucun droit et faculté de réunion dudit duché à notre
« couronne, etc. »

Or, dans la présente affaire, c'est un descendant par les femmes qui
demandait que le titre héréditaire de duc de Châtellerault fût reconnu
en sa faveur ; il l'a réclamé comme un droit, comme si l'Édit de 1711
n'avait pas enlevé le titre à la descendance féminine pour le transmettre
aux descendants mâles du titulaire originaire. Si le marquis d'Abercorn
eût pu faire valoir ses droits devant le Conseil du sceau, il est évident
que la demande du duc d'Hamilton eût éprouvé le même sort que
celle de M. le prince de Beaufremont, qui était dans une position
identique.

Ainsi, à quelque point de vue qu'on recherche les droits du marquis
d'Abercorn *au titre de duc de Châtellerault*, il est démontré que ce
titre lui appartient, soit parce que ce duché étant mâle dès le principe,
n'avait jamais pu passer aux femmes, soit parce que dans l'hypothèse
même que nous n'admettons pas, que le duché avait été femelle dans
le principe, ce duché avait nécessairement perdu cette qualité par les
termes formels et explicites de l'édit de 1711 ; qu'à partir de cette
époque il était duché mâle et ne pouvait appartenir qu'à un descendant par les mâles de James Hamilton, et qu'aux termes *des édits* invoqués contre M. de Beaufremont, le consultant, légalement investi de
ce titre, par la force même du principe d'hérédité que consacre le
titre, se trouve *le véritable et seul duc de Chatellerault*.

Troisième proposition.

Le marquis d'Abercorn ne pouvait renoncer et n'a jamais renoncé au droit
que la loi française lui attribuait au titre de duc de Châtellerault.

Que les Hamilton aient fait tous leurs efforts pour se saisir du titre
de duc de Châtellerault, c'est ce qui est hors de doute; mais qu'ils n'y
aient jamais réussi, c'est ce qui est encore plus certain.

Jamais les Abercorn n'ont renoncé ni expressément ni tacitement
au titre de duc de Châtellerault.

Et d'abord en principe les renonciations à succession ne se présument
pas.

Pourquoi donc le marquis d'Abercorn aurait-il renoncé à un titre
qu'un Edit souverain et le droit commun lui attribuaient?

Mais parcourons les diverses circonstances dans lesquelles on prétend reconnaître l'abandon du titre par les Abercorn.

§ 1ᵉʳ.

1° La première circonstance citée dans le mémoire rédigé dans
l'intérêt de la famille Hamilton est celle-ci :

Depuis la mort de William, deuxième duc d'Hamilton (12 septembre 1651), la duchesse Anne, douairière, a joui en France des
droits utiles attachés à la concession du duché de Châtellerault, sans
que les Abercorn aient élevé de réclamation, ce qui serait la preuve
qu'ils n'avaient rien à prétendre.

Conclure du silence qu'auraient gardé les Abercorn en 1651, à la
mort de William (n° 6 de la Généalogie), dernier descendant mâle
de la branche aînée, que la branche cadette n'avait aucun droit, serait
d'un extrême rigorisme, quand on songe à la situation que les guerres
civiles et religieuses avaient faite aux Abercorn. Ceux-ci étaient du
parti catholique et royaliste alors vaincu et anéanti, ils étaient sous le
coup de l'exil et de la proscription. Charles Iᵉʳ avait été décapité en 1649
et Cromwell était au pouvoir. En pareille occurrence, il serait injuste
de leur faire un grief de leur silence. Mais ce silence qu'on leur
reproche, ils ne l'ont nullement gardé.

En effet, aussitôt que par la mort de William, la qualité d'héri-

tier en ligne directe mâle revint à James, deuxième comte d'Abercorn
(n° 11 de la Généalogie), il protesta contre les prétentions héréditaires
de la duchesse Anne. Car tous les titres de cette famille étaient *exclusivement mâles* (1).

Cette protestation, dont l'original est conservé dans les archives de
la famille Douglas, est ainsi conçue :

« Je, James comte d'Abercorn ayant à cet effet de bonnes et puis-
« santes raisons, ai ordonné à...... d'agir pour moi et en mon nom,
« comparaître comme mes représentants devant les magistrats d'Édim-
« bourg, le 15 juillet de la présente année et d'y protester en mon nom,
« contre les droits que s'arroge une noble dame lady Anne Hamilton,
« fille aînée légitime de feu James duc de Hamilton, d'être héritière
« générale ou particulière, de son noble père ou de feu duc William
« son oncle et d'y protester contre tous prétendus droits de la dite
« dame, au titre d'héritière générale ou particulière, d'y protester en
« mon nom comme héritier ou héritier apparent en ligne directe, mâle
« et par substitution des susdits feu James et William ducs d'Hamilton,
« de produire en mon nom tous les documents, actes et instruments
« légaux..... etc., etc..... Je consens à ce que les présentes soient en-
« registrées..... à la cour du shériff de la chancellerie d'Édimbourg....
« et qu'un décret du juge intervienne pour y rester, *ad futuram rei
« memoriam*, et à cet effet..... j'ai signé devant témoins.....
« Édimbourg, 14 juillet 1652.

« ABERCORN. »

En présence de ce document, peut-on encore soutenir que les
Abercorn ont gardé le silence?

Nous n'insistons pas plus longtemps sur ce point, mais nous ajou-
terons toutefois que jamais la duchesse Anne n'a pris ni immédiatement après la mort de son père ou de son oncle, ni jamais ultérieurement, le titre de duchesse de Châtellerault; ce qu'elle aurait pu faire,
si le duché avait été femelle, car elle était l'héritière de la ligne
féminine.

L'auteur du mémoire Hamilton a été jusqu'à dire que la duchesse

---

(1) Dans la famille Hamilton, il n'y a jamais eu que le titre de duc d'Hamilton
qui, faute d'héritiers mâles, pût passer aux femmes. La clause est écrite dans les
lettres patentes d'érection de ce titre par Charles I⁰ʳ, 12 avril 1643, c'est-à-dire
presque un siècle après l'érection du duché de Châtellerault.

est devenue duchesse de Châtellerault en vertu du même droit que les femmes succèdent à la couronne en Angleterre. L'argument est par trop extraterritorial pour avoir besoin d'une réfutation. Jamais un titre essentiellement français n'a pu subir les us et coutumes des pays étrangers et jamais un pareil titre n'a pu relever directement des couronnes d'Écosse ou d'Angleterre. Le titre français doit rester complétement en dehors de tous autres titres étrangers, accordés successivement aux Hamilton ou aux Abercorn.

Le mémoire Hamilton cite cette autre circonstance que la pension de 12,000 livres a été payée à la duchesse Anne en 1658, et pendant deux ou trois ans après.—Ce paiement est prouvé par un ordre signé de Louis XIV, le 20 décembre 1658.

Le fait paraît constant, mais peut-on en conclure que le Roi de France a, par cela même, reconnu le droit au duché de Châtellerault dans la descendance féminine ?

Cette conclusion serait parfaitement erronée, car au paiement fait en 1658, *à l'héritière*, nous opposons le paiement fait en 1649 *à l'héritier mâle*. Ce qui aussi impliquerait la reconnaissance du droit des mâles par Louis XIV, car si le duché avait été femelle, c'est à la duchesse Anne que le paiement aurait dû être fait en 1649 et non à son oncle, l'héritier par les mâles.

Mais nous ne voulons pas être aussi absolus dans nos conclusions.

Que faut-il donc induire de cette différence dans ces paiements? Rien, si ce n'est que la cour de France, chaque fois qu'elle a payé une indemnité pour le fait du duché de Châtellerault, pensait la donner à la famille Hamilton, aux descendants du premier duc, sans se préoccuper des droits respectifs des deux branches.

Du reste cette pension, qui n'était que la compensation des avantages perdus du duché de Châtellerault, fut supprimée bientôt après.

Le mémoire Hamilton nous porte d'un trait jusqu'en 1685, époque où le quatrième duc d'Hamilton, fils aîné de la duchesse Anne, était l'ambassadeur de la reine Anne auprès de la cour de France.

Le moment était évidemment favorable pour renouveler, auprès de la cour de France, les réclamations de la descendance du premier duc de Châtellerault au sujet des stipulations de 1548.

Aussi, en 1685, l'ambassadeur exerçant, dit-il, les droits de sa mère et par délégation de ses pouvoirs spéciaux, adressa au Roi une requête très-étendue et longuement motivée en fait et en droit. Dans cette requête il n'est question que des droits utiles du duché de Châtellerault, il n'y est pas fait mention du titre, on n'y parle que de la dette due par la France à la famille Hamilton. La duchesse Anne n'y prend nulle part la qualité de duchesse de Châtellerault. La requête conclut au paiement d'une somme de 12,000 livres, depuis 1657 jusqu'en 1685.

Disons tout de suite que cette requête ne fut suivie d'aucun effet sans qu'on ait jamais su pourquoi.

Mais l'auteur du mémoire Hamilton fait grief aux Abercorn de ne pas figurer dans cette requête, et il en conclut également qu'ils ont renoncé à leurs droits ou qu'ils n'en avaient point.

La conclusion n'est pas juste; car il faudrait d'abord établir que les Abercorn ont eu connaissance de ces réclamations. Les Abercorn étaient alors dans le camp de Jacques II, et ces réclamations ont dû se faire à leur insu; nous verrons même plus loin que les Hamilton ont toujours pris soin de ne pas appeler leurs compétiteurs chaque fois qu'il s'est agi du duché de Châtellerault.

Les Abercorn n'étaient pas encore sortis de l'état de prostration où les guerres civiles avaient jeté cette famille, tandis que les Hamilton professant le culte triomphant, étaient l'objet de toutes les faveurs à la cour d'Angleterre.

L'objection est donc sans portée.

Mais l'objection paraît encore plus vaine, quand nous voyons, en 1712, c'est-à-dire après la publication de l'Edit de 1711, lord Abercorn, au premier acte public, alors que le traité d'Utrecht laissait entrevoir que satisfaction serait donnée par la France aux réclamations sur le fait du duché de Châtellerault, publier la protestation suivante, en sa qualité de descendant mâle direct du premier duc de Châtellerault; protestation qui a précédé de quatre années la mort de la duchesse Anne, décédée seulement en 1716.

Voici cette protestation, dont l'original est en latin, et que nous avons résumée en une traduction fidèle, si ce n'est littérale.

PROTESTATION DE JAMES (6ᵉ) COMTE D'ABERCORN.

9 septembre 1712.

« Par cette déclaration publique sous forme de réclamation et d'exposé, soit notifié à tous et en particulier à ceux qui peuvent y avoir quelque intérêt : — Que moi, James Hamilton, comte d'Abercorn, Ecossais, issu de la famille des Hamilton, véritable et indubitable héritier mâle de James Hamilton, autrefois duc de Châtellerault dans le royaume de France, j'affirme ce qui est la voix publique et la renommée et la vérité aujourd'hui et autrefois, que, jadis le roi Henri II en sa vie et en l'année 1548, ayant pesé et reconnu les grands mérites et les services multipliés de l'homme éminent James Hamilton et voulant les entourer de faveurs spéciales et les honorer par des dons gracieux, conféra à perpétuité, dans toutes les formes légales de la donation, à James Hamilton et à ses héritiers légitimes et successeurs, le duché de Châtellerault avec tous les priviléges, juridictions et prérogatives y attachés et créa le même duc de Châtellerault ainsi que ses héritiers et successeurs. Et que moi, James Hamilton, comte d'Abercorn, j'ai été et je suis à présent le vrai et indubitable hériter mâle dudit James Hamilton, autrefois duc de Châtellerault, décédé. Et que tous les titres et avantages du duché de Châtellerault avec tous les avantages, juridictions et prérogatives qui y ont été ou y sont attachés me sont dévolus. Et puisque la reine Anne a donné à ses ambassadeurs chargés du traité de paix à Utrecht, les instructions nécessaires pour obtenir du Roi très-chrétien, qu'il fasse bonne et prompte justice à la famille Hamilton en ce qui concerne le duché de Châtellerault et ses priviléges, etc., etc. — Que l'on sache que moi, susdit comte d'Abercorn, en ma qualité héréditaire et pour l'entier effet de mon droit, je réclame ledit duché de Châtellerault avec tous ses priviléges, etc., etc., qui doivent m'être attribués. Que je suis prêt (s'il le faut) à prouver mon droit et mon titre devant le tribunal compétent, contre tout opposant de la famille des Hamilton, — soit qu'il plaise à la reine Anne et au Roi très-chrétien (ce qui serait mon humble supplique) de remettre aux mains de la reine de la Grande-Bretagne ledit duché et tout ce qui peut résulter de la réclamation jusqu'à ce que des preuves clairement établies aient décidé à qui le duché revient de droit. Si à Utrecht, il se faisait quelque chose par les ambassadeurs de la Reine et du Roi, qui pût diminuer ou léser mon droit et mon titre au duché de Châtellerault avec ses priviléges, etc., etc., ou bien si quelqu'un de la souche des Hamilton faisait, dans ce traité de paix, quelque stipulation de paix concernant le duché ou partie du duché ou partie des prérogatives, je proteste par la présente déclaration signée de ma main et scellée de mon sceau, en présence de Thomas Cooke, notaire public et des témoins..... dignes de foi..... contre tous actes, faits, articles et stipulations comme vains, nuls, illégitimes et sans autorité, sous réserve toutefois du droit que je me réserve de diminuer, d'ajouter, de changer et corriger. — 9 septembre 1712. »

> *Témoins :* GEORGES, comte de DUMBARTON.
> Vicomte de MONTJOY.
> Comte de MOUNTCASHEL.
> Baron de SHELBURNE.

> JAMES, comte D'ABERCORN.

Cette protestation est suivie de cette déclaration :

« Et moi, Thomas Cooke, notaire public à Dublin, légalement in-« stitué par l'autorité royale, ai été présent à tous les actes contenus « dans le document ci-dessus. Je les ai vus, sçus et entendus. J'ai « dressé cet acte, et en témoignage j'y ai apposé ma signature et mon « sceau. — Le 9 septembre de l'an du Seigneur 1712. »

En présence de cette protestation et de celle de 1652, que devient l'assertion de l'auteur du mémoire Hamilton que les Abercorn n'ont jamais réclamé et qu'ils ont implicitement renoncé à leurs droits ?

§ 2.

Le mémoire ajoute que lord Abercorn, s'aidant de la protection des ministres d'Angleterre, obtint, à titre de transaction, un quart dans la somme de deux millions deux cent trente-deux mille livres d'arrérages qui étaient réclamés à la France.

De ce fait, le défenseur des Hamilton tire la conclusion que lord Abercorn n'avait aucun droit à la possession du duché de Châtellerault.

Rien n'est plus illogique que cette conséquence ; elle prouve, au contraire, que lord Abercorn avait des droits incontestables, puisqu'on lui concédait une part dans l'indemnité qu'on espérait obtenir.

En effet, que disait l'art. 22 du traité d'Utrecht ? Que le Roi de France promet qu'aussitôt que la paix serait faite, il ferait justice à la famille Hamilton, au sujet du duché de Châtellerault ; au duc de Richmond, au sujet des prétentions qu'il a en France ; et aussi à sir Charles Douglas, au sujet de certaines terres, etc., etc.

Remarquons la différence des termes au sujet de ces trois réclamations. Le texte qualifie et nomme le duc de Richmond et sir Charles

Douglas, dont personne ne contestait les titres, mais il se contente de dire *la famille Hamilton*, il ne nomme ni la duchesse Anne Hamilton, ni la duchesse de Châtellerault. Les termes sont génériques et s'appliquent aux mâles, d'après le droit commun de la France et l'édit de 1711, qui venait d'être promulgué.

Or, c'est bien en sa qualité d'héritier mâle direct du sang du premier duc de Châtellerault, ainsi que cela est constaté dans le premier volume du livre de la noblesse d'Écosse (peerage of Scotland), sous le nom Abercorn, et où on lit les propres paroles de Swift qui fut l'intermédiaire de la transaction : « Par l'art. 22 du traité d'Utrecht, le Roi « de France s'étant engagé, après la paix faite, à rendre justice à la « famille Hamilton concernant le duché de Châtellerault, le comte « d'Abercorn réclama la préférence comme héritier par mâles du pre- « mier duc de Châtellerault. »

En outre, le même Swift écrivait, le 24 septembre 1712, c'est le mémoire Hamilton qui nous l'apprend, p. 50 :

« J'ai été le médiateur entre la famille Hamilton et lord Aber- « corn afin de les amener à composition et je crois qu'on s'enten- « dra. Lord Selkirck va se rendre en France pour faire la demande, et « le ministre pense que l'on obtiendra quelque satisfaction. J'ai été « autorisé à conseiller aux Hamilton de s'entendre avec Abercorn qui « demande un quart et qui va se rendre en France, et gâtera tout si on « ne lui cède pas... »

Les derniers mots sont caractéristiques. Peuvent-ils signifier autre chose que, si lord Abercorn, en sa qualité d'héritier mâle direct du duc de Châtellerault, vient en France, il y établira son droit que l'Édit de 1711 venait encore de consacrer tout récemment, et que la compétition des deux branches fournira à la cour de France des moyens dilatoires pour le paiement des sommes réclamées?

Mais l'auteur du mémoire Hamilton fait encore un grief à lord Abercorn de ce qu'il se contente d'un quart, et de ce qu'il a consenti à ce que le comte de Selkirck fît seul la réclamation à la cour de France.

L'on peut, croyons-nous, expliquer la part moindre que le comte d'Abercorn stipulait pour lui, par cette considération que les sommes réclamées portaient, *non pas seulement sur les arrérages dus, mais sur le capital représenté par les terres*, ainsi que s'exprime la requête, dans le cas où le Roi ne rendrait pas les terres elles-mêmes, et qu'il y avait la part à faire aux prédécesseurs mâles de la duchesse, en un mot à établir des parts proportionnelles entre les deux branches.

Quoi qu'il en soit, il était de l'intérêt de tous que la réclamation se fît par lord Selkirk. L'intervention de lord Abercorn pouvait devenir dangereuse à la réclamation elle-même, d'autant plus que celle-ci se rattachait et était conçue, en partie, dans les mêmes termes que la requête de 1685.

Cette dernière, en 1685, avait été présentée par Jacques Hamilton ; n'était-ce pas un moyen de succès de laisser présenter la requête de 1713 par Charles Hamilton, comte de Selkirk, frère du précédent, mort à la suite de son duel avec lord Mohun, le 15 novembre 1712 ?

Cette situation ressort nettement de la correspondance de lord Abercorn. Dans plusieurs lettres (1) il se plaint amèrement de ce qu'on lui refusait un passe-port pour aller en France soutenir ses droits d'héritier mâle, et des obsessions dont il était l'objet de la part des ministres de la reine Anne pour consentir une transaction et laisser le comte de Selkirck faire seul une réclamation à la cour de France.

C'est ainsi qu'il faut expliquer l'abstention de lord Abercorn dans cette dernière réclamation ; et loin d'être un grief, le fait vient confirmer le droit des Abercorn dont la part avait été faite dans la transaction. Il n'y a donc pas à s'étonner de ce que les paiements aient été ultérieurement faits à ce même comte Selkirk, sans l'intervention de lord Abercorn. Et l'on ne peut certes en tirer la conséquence qu'il avait renoncé à son droit, puisque, au contraire, son droit avait été consacré dans la transaction.

En résumé, le comte de Selkirk, quatrième fils de la duchesse Anne, doit être considéré comme le mandataire de toute la descendance du premier duc de Châtellerault. Lord Abercorn n'avait aucun intérêt à ne pas le laisser agir, puisque sa part était faite dans la somme qu'on obtiendrait. Ce qui prouve que cette qualité de mandataire de la famille Hamilton était bien celle du comte de Selkirck, c'est que le règlement qu'il obtint de la cour de France, en 1714, porte dans son intitulé ces mots qui sont péremptoires : *« Le comte de Selkirk stipulant, se faisant et « se portant fort de tous ceux qui peuvent avoir droit et intérêt aux préten-*

______

(1) Ces lettres portent les dates des 9 septembre et 12 décembre 1712 et des 10, 15, 17, 20 et 29 janvier, et 5, 7 et 14 février 1713.

« *tions de la maison Hamilton sur le duché de Châtellerault, et aux autres*
« *choses comprises dans le don fait par le Roi Henri II, etc., etc.* »

§ 3.

Le mémoire Hamilton cite une troisième circonstance d'où résulterait l'abandon de leurs droits par les Abercorn. Il raconte que, en 1740, des créanciers du feu duc d'Hamilton, mari de la duchesse Anne et qui en 1660 avait été admis à porter le titre de duc d'Hamilton sa vie durant, élèvent des réclamations et veulent exercer leurs droits sur ce qui restait encore dû sur l'indemnité payée par la France ; ils agissent contre le fils de feu Charles, comte de Selkirk, et ses exécuteurs testamentaires. Et dans cette procédure, dit le mémoire, on ne voit pas figurer lord Abercorn. — Et il en conclut que celui-ci n'avait pas de droit ou avait abandonné son droit.

Quelle logique ! Eh ! qu'avait à faire lord Abercorn dans une contestation entre les héritiers du comte de Selkirk et des créanciers ?

Au moins aurait-il fallu alléguer que ces créanciers entendaient mettre la main sur la part faite à lord Abercorn dans la transaction.— Mais cela n'est pas même indiqué. Lord Abercorn n'avait donc pas à intervenir dans une procédure qui lui était étrangère.

Tous ces arguments n'ont donc véritablement rien de sérieux.

Nous croyons avoir prouvé, contrairement à toute l'argumentation contenue dans le § V du mémoire Hamilton, que jamais les Abercorn n'ont le moins du monde abandonné leurs droits au titre de duc de Châtellerault, qu'au contraire ils les ont énergiquement revendiqués dans les deux circonstances solennelles de 1652 et 1712.

§ 4.

Nous allons maintenant suivre l'auteur du mémoire sur le terrain des faits et actes qui constatent, dit-il, que les Hamilton, descendants de la duchesse Anne, *ont toujours été seuls en possession du titre de duc de Châtellerault.* C'est l'objet du § VI du mémoire Hamilton. Il se divise en deux parties distinctes :

1° Arguments tirés dans le mémoire Hamilton des énonciations du livre de la noblesse écossaise (*Peerage of Scotland*).

2° Arguments tirés de certains faits qui se sont passés en France depuis 1814.

Réfutation des arguments tirés du peerage d'Ecosse.

Le préambule du § VI du mémoire Hamilton est très-ambitieux, et nous nous attendions à y trouver la série de tous les ducs d'Hamilton qui ont porté le titre de duc de Châtellerault et les preuves écrites à l'appui.

Au lieu de cela, nous n'y trouvons qu'un seul duc d'Hamilton, qualifié de duc de Châtellerault. C'est Alexandre, marquis de Douglas, etc., né le 3 octobre 1767, père du duc d'Hamilton, mort à Paris en 1863 et grand-père du duc d'Hamilton actuel.

Mais dans quel document le duc Alexandre est-il qualifié de duc de Châtellerault? Dans le livre de la noblesse d'Ecosse, dans le *Peerage of Scotland*, ÉDITION DE 1813, — troisième édition de cette publication.

L'auteur ne pouvait pas manquer d'ajouter que ce livre fait autorité en pareille matière, et à l'appui il dit :

« Voilà ce qui était constaté, publié et reconnu partout comme vé-
« rité historique et absolue, tant en Ecosse qu'en Angleterre et en
« France au dix-huitième siècle et dans le commencement de celui-ci. »

D'abord le Peerage qui n'est pas une espèce d'Almanach impérial, mais une simple spéculation d'éditeur, ne fait nullement autorité en pareille matière par la bonne raison qu'il est rédigé d'après les notes fournies par les personnes qui y figurent.

Il est permis de penser que le marquis de Douglas (Alexandre), qui est devenu le dixième duc d'Hamilton, a fait dans l'édition de 1813 ajouter complaisamment à ses titres celui de duc de Châtellerault. Ce qui tendrait à le prouver, c'est la note qui y est annexée, *que le droit de la famille Hamilton, à ce titre, n'a jamais été formellement abandonné* (1).

Mais ce qui le démontrerait encore plus surabondamment, c'est que les deux éditions antérieures du Peerage, publiées, la première par Crawford en 1716, et la seconde par sir Robert Douglas en 1764, ne

---

(1) L'éditeur, dans la préface de cette troisième édition, remercie la noblesse pour les notes qu'elle lui a fournies. M. le marquis de Douglas y est nommément désigné.

mentionnent en aucune façon le titre de duc de Châtellerault comme appartenant aux Hamilton. Bien plus, nous allons établir que les ducs d'Hamilton n'ont jamais pris le titre de duc de Châtellerault dans les actes de succession et de substitution intervenus dans la famille. Ainsi, nous avons déjà dit que la duchesse Anne n'avait jamais pris le titre de duchesse de Châtellerault; mais ni son fils aîné, qui fut le quatrième duc d'Hamilton, titre créé en 1643, ni le fils de ce dernier, qui fut le cinquième duc d'Hamilton, n'ont jamais porté le titre de duc de Châtellerault et ne l'ont jamais pris dans les actes d'hérédité et de substitution intervenus entre eux. Il en fut de même dans la suite jusqu'au dixième duc d'Hamilton, qui, le premier, a pris souci de revendiquer ce titre.

Le 19 avril 1739 et 28 avril 1741, ce même cinquième duc succède à son oncle le comte de Selkirk.

Le 10 mai 1743, James, sixième duc d'Hamilton, succède à son père.

Le 15 janvier 1759, James Georges, septième duc d'Hamilton, succède au sixième duc.

Le 7 novembre 1769, Douglas, le huitième duc d'Hamilton, succède par substitution à son frère James Georges.

Enfin, le 1er avril 1814, Archibald, neuvième duc d'Hamilton, succéda au huitième duc.

Tous ces actes sont déposés à la Chancellerie royale d'Edimbourg; dans aucun il n'est fait mention du titre de duc de Châtellerault; ils sont donc la preuve péremptoire que les six ducs d'Hamilton, depuis le quatrième jusqu'au neuvième inclusivement, n'ont point fait usage du titre de duc de Châtellerault. Et ces six ducs forment la moitié de tous les ducs d'Hamilton.

Que conclure de tout ceci? c'est que les Hamilton-Douglas n'ont jamais eu le moindre droit à ce titre. C'est seulement le dixième duc Hamilton, grand-père du duc actuel, qui conçut l'idée de revendiquer le titre en sa faveur, ainsi que nous allons le voir un peu plus loin. Comment a-t-on pu écrire que les Hamilton-Douglas ont toujours porté le titre de duc de Châtellerault? C'est là, certes, une étrange assertion.

Si ce titre a été pris, c'est plutôt par la famille d'Abercorn. En effet il résulte d'un document placé sous nos yeux, qu'au cimetière de Paisley en Ecosse, il existe une tombe d'un comte d'Abercorn, vicomte Hamilton,

mort en 1789 et qu'elle porte pour épitaphe le titre *de duc de Chatellerault* (1).

---

(1) Voici ce document, que nous transcrivons ici en son entier :

Je, soussigné, John Ord. Mackenzie, avoué, demeurant à Edimbourg, fais serment et déclare que, agissant pour et dans l'intérêt du très-noble James, marquis
et comte d'Abercorn, de concert avec William Ramsay Kermack, avoué soussigné,
j'ai visité, le sept janvier mil huit cent soixante-cinq, les restes de l'ancienne
abbaye de Paisley, dans le comté de Renfrew, et ayant fait ouvrir le caveau mor-
tuaire de la famille Abercorn, caveau situé sous ou dans cette partie de cette
abbaye appelée chapelle de Saint-Mirrin, j'ai, avec William Ramsay Kermack,
examiné et noté une inscription gravée ou taillée sur une plaque de métal fixée
sur un des cercueils déposés en ce lieu, inscription ainsi conçue :

LE TRÈS-HONORABLE

JAMES, COMTE D'ABERCORN

VICOMTE HAMILTON

VICOMTE STRABANE ET

DUC DE CHATELLERAULT EN FRANCE

MOURUT LE 9 OCTOBRE

1789

A L'AGE DE 76 ANS.

Et ensuite, dans cette même partie de l'abbaye, appelée chapelle de Saint-
Mirrin,

Je, soussigné, ensemble avec le dit William Ramsay Kermack, ai examiné et
noté une inscription taillée ou gravée sur une tablette de marbre, fixée dans l'un
des murs et érigée en mémoire dudit comte d'Abercorn et duc de Châtellerault,
inscription ainsi conçue :

LE TRÈS-HONORABLE

JAMES, COMTE D'ABERCORN

VICOMTE HAMILTON

VICOMTE STRABANE ET

DUC DE CHATELLERAULT EN FRANCE

MOURUT LE 9 OCTOBRE

1789

A L'AGE DE 76 ANS.

Que cette tablette de marbre, contenant cette inscription, était surmontée des
armoiries ou de la cotte d'armes de la noble famille d'Abercorn, et que le bouclier
qui portait ces armes avait au centre un écusson orné de trois fleurs de lys, et en
haut une couronne.

J'ajoute, de plus, que ces inscriptions avaient toute l'apparence de l'authenticité.
— Que l'inscription, sur ce cercueil, avait, sans le moindre doute, l'apparence
d'avoir été gravée ou taillée au moment où vers l'époque de la mort de ce comte

La situation respective des parties paraît donc éclaircie, et il ne faut pas s'étonner que les prétentions du duc d'Hamilton aient soulevé en Ecosse une grande réprobation, au point qu'un avocat distingué d'Ecosse et d'Angleterre n'a pas craint d'écrire que le duc d'Hamilton n'avait pas plus de droit au duché de Châtellerault qu'au trône de Chine (1).

Réfutation des arguments tirés de certains faits qui se sont passés en France depuis 1814.

L'auteur du mémoire Hamilton établit que le duc d'Hamilton, grand-

---

d'Abercorn et duc de Châtellerault, telle qu'elle est indiquée dans l'inscription. — Que j'ai été informé que la tablette de marbre, sur laquelle était gravée la seconde inscription ci-dessus indiquée, a été érigée il y a environ vingt ans, et que j'ai toute raison de croire qu'il en est bien ainsi.

JOHN ORD. MACKENZIE.

Je, William Ramsay Kermack, ci-dessus désigné, fais serment et déclare que j'étais présent avec John Ord. Mackenzie, au moment où les choses mentionnées dans sa déclaration ont été faites et notées, et que je certifie en tous points les faits établis dans sa déclaration, ainsi que toutes autres assertions y contenues.

W. R. KERMACK.

L'affidavit de MM. Mackenzie et Kermack a été reçu par le chef de la municipalité, lequel déclare qu'il les connaît et qu'ils sont dignes de foi. — Le tout visé par le consul de France à Edimbourg, le 17 janvier 1865.

---

(1) Factum concernant le duché de Châtellerault. — Edimbourg, 1843, par W. B. D. Turnbull.

I shall merely observe that, in so far as I can see, the marquis of Abercorn is alone entitled to it (the Duchy of Châtellerault), and that his grace of Hamilton, being neither heir male nor heir female, has as much right to it as he has to the throne of China.

On voit, par cette citation en anglais, qu'au delà de la Manche on conteste même au duc d'Hamilton la qualité de plus proche héritier et descendant par les femmes du premier duc de Châtellerault, et on prétend que cette qualité revient à lord Derby ; quoique ce sujet soit étranger à notre discussion et que lord Derby ne fasse aucune réclamation, nous donnons à la suite de ce mémoire la généalogie des Hamilton et des Derby depuis la duchesse Anne, leur auteur commun. Il suffira au lecteur d'y jeter les yeux pour se convaincre que si le duché de Châtellerault avait été femelle, il aurait passé aux Derby par le mariage de lady Elizabeth, arrière-arrière petite-fille de la duchesse Anne, avec le douzième comte de Derby.

père du duc actuel, fut reçu à la cour de France après 1816, sous le titre de duc de Châtellerault.

Après avoir dit combien l'étiquette était rigoureuse à la cour de Charles X, et combien les duchesses françaises convoitaient le privilége du tabouret, il cite une lettre d'invitation adressée à la duchesse Hamilton, signée du duc d'Aumont et conçue en ces termes :

« D'après les ordres du Roi, mon cher duc, j'ai l'honneur d'envoyer « à Madame la duchesse d'Hamilton un billet pour le grand couvert. « Je me trouve bien heureux d'être l'organe de Sa Majesté et d'avoir eu « à faire quelque chose qui vous fût agréable.

« Je donnerai l'ordre aux huissiers de conduire la duchesse à la place « qu'elle doit avoir, ayant les honneurs du tabouret, c'est-à-dire avec « nos duchesses.

« Recevez, mon cher duc, etc., etc. »

Remarquons d'abord que l'invitation est adressée à la duchesse Hamilton et non à la duchesse de Châtellerault, et que le nom de Châtellerault n'apparaît nulle part dans les rapports de politesse qui ont pu exister à ce moment entre la cour de France et le duc d'Hamilton.

Mais ce que nous allons rapporter va démontrer péremptoirement l'inanité des arguments invoqués en cette circonstance en faveur de la famille Hamilton (1).

Le duc d'Hamilton tenait évidemment à s'approprier le titre de duc de Châtellerault; à cet effet il s'était, vers 1819, rendu à Paris pour réclamer ce titre auprès du gouvernement français. Lord Aberdeen, tuteur du jeune d'Abercorn, en fut indirectement informé; il écrivit immédiatement à lord Stuart, ambassadeur britannique à Paris, pour lui recommander les intérêts de son pupille, le prier de faire connaître au roi de France les droits du marquis d'Abercorn et réclamer la plus grande impartialité pour les deux compétiteurs. Lord Aberdeen informa de sa

---

(1) Ce que nous disons est extrait de volumineuses correspondances qui ont été échangées, depuis 1818 jusqu'en 1853, entre l'ancien ministre lord Aberdeen, tuteur du jeune marquis d'Abercorn, et plusieurs jurisconsultes écossais; entre lord Stuart, l'ambassadeur anglais à Paris en 1819 et lord Castelreagh, ministre des affaires étrangères; entre lord Aberdeen et les ambassadeurs Stuart et Granville et lord Londonderry, ministre des affaires étrangères; enfin entre lord Russell, lord Cowley et M. Drouyn de Lhuys, ministre français.

missive le duc d'Hamilton, qui n'en continua pas moins ses démarches et obtint, dit-on, deux audiences du Roi.

A ce moment, les correspondances accusent le duc d'Hamilton d'agir sous main, et l'on conseillait à lord Aberdeen de mettre de côté tous ménagements à l'endroit du duc d'Hamilton.

Dans une lettre du 17 juin 1819, adressée par l'ambassadeur Stuart à lord Aberdeen, on lit : « Dans une conversation, j'ai laissé entrevoir « au duc d'Hamilton que je savais ce qui s'était passé et que j'étais « surpris qu'il n'eût pas suivi la voie...... du *Foreign-office*. »

Lord Castelreagh, ministre des affaires étrangères, envoya à l'ambassadeur Stuart une dépêche pour lui recommander d'obtenir une justice égale dans l'examen des deux prétentions contraires.

Mais une dépêche du 2 août 1819, de lord Stuart à lord Castelreagh, mit momentanément fin à toutes postulations; il résulte de cette dépêche, que M. Dessoles, ministre des affaires étrangères en France, avait laissé deviner à lord Stuart, sans lui permettre le moindre doute à cet égard, que le Roi entendait se prévaloir de toute circonstance qui pourra empêcher le rétablissement d'anciennes pairies en faveur d'étrangers. Et lord Aberdeen renonça même à un voyage qu'il devait faire à Paris dans l'intérêt de son pupille.

En 1822 et 1823, des lettres échangées entre lord Londonderry, successeur du ministre Castelreagh, lord Stuart et lord Aberdeen, révèlent les inquiétudes de ce dernier au sujet du titre de duc de Châtellerault pris par le duc d'Hamilton. Et le 9 février 1823, lord Stuart écrivit à lord Aberdeen, que le ministre des affaires étrangères et le président du Conseil (1) lui avaient promis que, s'il leur arrivait une demande du duc d'Hamilton, ils suspendraient toute décision jusqu'à ce que le mérite de la position du marquis d'Abercorn eût été sérieusement examiné.

Nous arrivons ainsi aux honneurs du tabouret, concédés à la duchesse d'Hamilton à la cour des Tuileries en 1825.

Pour ne pas multiplier les citations, il nous suffira de donner littéralement la lettre écrite à ce sujet à lord Aberdeen par lord Granville, le nouvel ambassadeur du gouvernement britannique à Paris.

Paris, 8 décembre 1825.

« Je ne me suis pas encore adressé officiellement au gouvernement

---

(1) Alors M. de Villèle et M. de Chateaubriand.

« français touchant la réclamation des honneurs — Châtellerault ; j'at-
« tends des instructions; mais vous serez satisfait d'apprendre que le
« baron de Damas m'a dit officieusement . . . . que la du-
« chesse d'Hamilton avait une place d'honneur au banquet du Roi
« aux Tuileries, non comme duchesse de Châtellerault, mais comme
« duchesse d'Hamilton, et que toute autre dame du même rang, en
« Angleterre, qui voudrait assister au cérémonial recevrait le même
« honneur. »

Que faut-il de plus pour réduire à néant l'argument tiré des honneurs du tabouret?

Les correspondances maintenant nous conduisent à 1853.

Lord Abercorn avait appris indirectement que le duc d'Hamilton
avait renouvelé sa réclamation auprès de l'empereur Napoléon III.

Parmi les correspondances d'alors , nous trouvons une dépêche de
lord Cowley à M. Drouyn de Lhuys, où l'ambassadeur anglais rappelle
les précédents de la question Châtellerault ; et sans vouloir exprimer
une opinion à cet égard, il transmet la prière du marquis d'Abercorn
qui demande que les droits des deux compétiteurs soient examinés sérieusement avant toute décision, s'il devait en être pris une.

Nonobstant cette réclamation transmise par voie diplomatique et
dont *le duc d'Hamilton a été avisé,* on a poursuivi les démarches, et le
20 avril 1864, on a obtenu, à l'insu du marquis d'Abercorn et sans que
celui-ci ait été appelé pour défendre son droit, le décret impérial qui
maintient et *confirme* en sa faveur le titre de duc de Châtellerault créé
en 1548.

Nous allons clore la discussion sur ce paragraphe par un argument
que nous croyons sans réplique. Si nous sommes entré dans tous
ces détails, c'est pour ne pas laisser sans réponse, dans l'intérêt de la
vérité, des allégations qui tendraient à faire croire que les auteurs du
marquis d'Abercorn s'étaient montrés indifférents à l'honneur de porter le titre français dont ils avaient été légalement investis.

Il y a en droit, en effet, une réponse péremptoire à toutes ces allégations, c'est que la renonciation à un titre, sans l'intervention du
souverain, n'est pas permise et demeure nécessairement sans effet.
Le titre, comme le nom, est inhérent à la personne; on peut, par une
raison quelconque, ne pas se qualifier, dans les relations du monde,

du titre dont on est investi. Mais on ne peut y renoncer, soit d'une manière absolue, soit en faveur d'une autre personne. Un fils aîné, duc comme fils aîné, ne pourra pas, de sa propre autorité, attribuer son titre de duc à son frère puîné, pas plus qu'il ne peut lui transmettre sa qualité d'aîné ; car, en principe, l'*état* des personnes est hors des transactions humaines et imprescriptible.

« Ces surnoms devenus héréditaires, dit Merlin dans le passage que « nous avons déjà cité sous la proposition précédente, forment le *patri-* « *moine* le plus précieux de chaque famille, c'est une espèce de cachet « imprimé sur chacune d'elles : c'est de tous les biens celui qui est le « moins dans le commerce. Il est également défendu de l'aliéner et « de l'envahir ; le père le transmet au fils par une espèce de substitu- « tion » (Rép. vº *Nom*).

(Ce surnom, joint au titre, ne fait qu'un avec le titre, comme l'ont jugé la Cour impériale de Paris et la Cour de cassation, par leurs arrêts des 10 juin 1859 et 15 juin 1863, rapportés sous la quatrième proposition : le surnom et le titre sont donc régis par les mêmes règles.)

« Il y a dans les familles, ajoute Merlin, des biens de qualités fort « différentes.

« Les uns, comme les terres et d'autres de pareille nature, tombent « dans le commerce... Ces biens diminuent par les partages, ou sortent « de la famille par des aliénations. »

« Les autres au contraire, comme le *nom* et les *armes*, le *rang*, la « *noblesse* ne tombent point dans le commerce ; ils sont *inaliénables* et « *incessibles* : ce n'est point par le titre d'héritier ni par celui de dona- « taire qu'on les possède ; il faut pour y avoir droit, *descendre par les* « *mâles* de ceux qui en ont joui : c'est le seul bien indépendant des ca- « prices et des révolutions de la fortune : ce sont les restes précieux de « la vertu et de la gloire des pères, qui excitent dans leurs descendants « une noble et généreuse ardeur de les imiter. C'est ce qui a fait dire à « un des plus anciens et des plus célèbres interprètes du droit romain « (Balse), que *dans le nom et dans les armes des nobles*, résident princi- « palement la mémoire d'une maison et la splendeur d'une race.

« C'est sur cette raison fondamentale que sont appuyées les règles « du droit des armes contenues dans les livres qui ont traité de ce « sujet. Ces règles tendent toutes au même but, qui est de conserver « aux maisons *ce bien inaliénable*. Les filles par le mariage, sortent de

« leur famille, en perdent tous les avantages, le nom, les armes, le
« rang, la noblesse, etc. Leur nom se perd aussi par le mariage et ne
« se communique point à leurs enfants, qui suivent toujours la condi-
« tion du père, et non celle de la mère. Elles prennent le nom de
« leur mari et les enfants celui de leur père (Répert. v° *Nom*, § 3). »

Observons que l'application de ces principes se fait ici d'elle même ?
Les descendants de la duchesse Anne ne sont pas les descendants par
les mâles du premier duc de Châtellerault. Ils sont des *Douglas* par le
mariage de la duchesse Anne avec un *Douglas*, et leurs prétentions
s'évanouissent devant cet axiome : *Mulier est principium et finis familiæ.*

Quatrième proposition.

*D'après le texte et l'esprit de nos lois fondamentales, le décret qui, sur la
demande d'une partie, reconnaît en sa faveur l'existence d'un ancien titre
ne peut jamais disposer que sauf les droits des tiers, et sauf recours au
conseil d'État.*

Nous avons dit que le décret du 20 avril 1864 contient deux dispositions très-distinctes :

L'une inattaquable parce qu'elle rentre dans les attributions souveraines du chef de l'Etat; c'est celle par laquelle l'Empereur *maintient*
et *confirme* le titre de duc de Châtellerault ;

L'autre par laquelle le décret dispose en faveur du duc d'Hamilton,
et qui est sujette à opposition de la part des parties intéressées.

Pour établir ces deux points nous devons remonter à quelques règles
fondamentales de notre droit public.

L'article 1ᵉʳ de l'acte constitutionnel de l'Empire porte : « La consti-
« tution reconnaît, confirme et garantit les grands principes proclamés
« en 1789, et qui sont la base du droit public des Français. »

Parmi ces grands principes de 1789 inscrits ainsi au frontispice des
constitutions impériales, le plus important de tous peut-être est celui
qui consacre *la séparation des pouvoirs.*

Au moyen de cette séparation, ce qu'il pouvait y avoir d'absolu dans le pouvoir monarchique a cessé d'exister.

Cette séparation écrite depuis 1789 dans toutes nos constitutions, ne pouvait manquer de se retrouver dans les constitutions impériales.

Les pouvoirs du chef de l'Etat sont ainsi déterminés par la Constitution.

« Le président de la République *gouverne* au moyen des ministres, « du Conseil d'Etat, du sénat et du Corps législatif (art. 2). Il est le « *chef de l'Etat*, fait les règlements et décrets nécessaires pour l'exé- « cution des lois (art. 6).

« La justice se rend en son nom (art. 7). »

C'est en vertu de son pouvoir gouvernemental comme chef de l'Etat qu'il peut concéder des titres de noblesse et reconnaître les anciens titres.

En effet, lorsque le prince-président de la République abrogea, par son décret du 24 janvier 1852, le décret de 1848 qui déclarait abolis tous les anciens titres de noblesse, on retomba sous l'empire des art. 71 de la charte de 1814 et 62 de celle de 1830 portant : « La noblesse « ancienne reprend ses titres, la nouvelle conserve les siens ; le Roi fait « des nobles à volonté ; mais il ne leur accorde que des rangs et des « honneurs, etc. » Cette disposition est entrée dans nos lois fondamentales et fait partie aujourd'hui de notre droit public.

Lors donc que l'Empereur donne un titre de noblesse ou reconnaît l'existence d'un ancien titre, il agit comme chef de l'Etat et le décret qu'il rend a sa sanction dans cette disposition de l'art. 6 de l'acte constitutionnel en vertu de laquelle il fait les décrets nécessaires pour l'exécution *des lois*.

Ce droit de concéder un titre de noblesse et de reconnaître l'existence des anciens titres est évidemment dans les attributions souveraines du chef de l'Etat ; il est écrit en ces termes dans le décret du 8 janvier 1859 portant rétablissement du conseil du sceau des titres : « Ar- « ticle 6, le Conseil délibère et donne son avis : 1° sur les demandes « en *collation, confirmation* et *reconnaissance* de titres que nous au- « rons renvoyées à son examen, » et le décret qu'il rend à la suite de cet avis a pour objet l'exécution de la loi qui lui donne le droit d'accorder un titre nouveau ou de reconnaître l'existence d'un titre ancien.

En vertu de quelle disposition de la Constitution, le chef de l'Etat disposerait-il en faveur d'un autre que le titulaire légal, du titre dont il reconnaît l'existence comme ancien titre ?

— 52 —

Le titre n'est-il pas comme le nom une propriété.?

Qui donc pourrait nier qu'un titre héréditaire concédé en récompense de grands services rendus à l'Etat ne soit comme un nom glorieusement porté, la plus sainte des propriétés?

Pourquoi le législateur de 1858 aurait-il édicté des peines contre l'usurpation des titres si leur possession ne constituait pas un droit?

« En rétablissant, dit le rapport qui précède le décret du 8 janvier 1859, les dispositions pénales contre ceux qui usurpent des titres et qui s'attribuent, sans droit, des qualifications honorifiques, la loi du 28 mai 1858 a rendu aux *titres légitimement acquis leur importance réelle et leurs droits au respect public.* »

« Quelle que soit la valeur ou la nature actuelle des titres, dit le rap-
« porteur de la commission du Corps législatif sur la même loi du 28
« mai 1858, ils constituent *un droit pour les propriétaires légitimes*, et,
« dans un Etat policé, tous les droits doivent être respectés. »

Et plus loin : « Le titre qui fait partie du nom et qui se confond avec
« lui n'est-il pas aussi réel qu'un ruban ou un cordon?

« Ecoutons encore M. le sénateur Delangle, dans l'éloquent rapport
« qu'il a fait au Sénat sur cette même loi : « Un père transmet à ses
« enfants, dit-il, le champ conquis ou fécondé par ses sueurs, et ce
« *patrimoine moral* qui représente ses vertus, ses sacrifices au pays, la
« gloire acquise au prix de son sang, il ne pourra pas le transmettre?
« Est-ce qu'on ne comprend pas qu'enlever au fils *cette partie de l'héri-*
« *tage paternel*, la plus précieuse sans contredit, c'est s'exposer non
« à étouffer, Dieu merci, mais à diminuer en lui ce principe salutaire
« de l'émulation et du respect que personnifient *un nom et un titre*
« *glorieux?* »

Le titre héréditaire, lors particulièrement, qu'un nom y est attaché, constitue donc comme le nom lui-même un *droit*, un *patrimoine*, une véritable propriété et cela est si vrai que le législateur de 1858, lorsqu'il a érigé en *délit*, l'usurpation du *titre*, place cette usurpation sur la même ligne que l'usurpation du *nom*.

Les Cours judiciaires admettent les mêmes principes.

« Considérant, dit la Cour impériale de Paris, que les inductions
« tirées des brevets qui ont fondé la grandesse de Brancas et de ceux
« qui l'ont transmise à des collatéraux ne pourraient prévaloir contre
« la règle générale en ce qui concerne les noms; considérant que c'est
« dans cette pensée que le ministre de la justice a refusé à Hibon le

« droit de prendre le nom de Brancas , et qu'on ne peut éluder cette
« décision sous prétexte que le titre de duc de Brancas serait une qua-
« lification ; qu'en effet *une qualification qui serait héréditaire produirait*
« *en réalité le même résultat qu'une dénomination* » (arrêt du 10 juin
1859 ; arrêt de rejet de la Cour de cassation du 15 juin 1863).

Mais, si le titre héréditaire, comme le nom, est une véritable propriété, nous retombons sous l'empire de cet autre grand principe consacré également par les législateurs de 1789 et qu'on retrouve reproduit en termes non moins énergiques dans les constitutions qui ont suivi
et dans nos lois civiles : « La propriété étant un droit *inviolable et sa-*
« *cré*, nul n'en peut être privé, si ce n'est que lorsque la nécessité pu-
« blique, légalement constatée, l'exige évidemment. »

Or, qui pourrait avoir la prétention de trouver dans les constitutions
de l'Empire un seul article, un seul mot d'où l'on puisse induire que
l'Empereur a le droit, par un acte de sa seule volonté, de priver un ci-
toyen de sa propriété ?

Aucun des grands pouvoirs de l'Etat ne comprend mieux assurément
que la haute sagesse qui préside aux destinées de la France, l'obligation ou plutôt le devoir, de ne jamais franchir les limites que les constitutions ou la loi leur imposent : c'est ce devoir que proclamait, comme
un principe, en termes si énergiques aux applaudissements du Sénat,
l'ancien garde des sceaux, M. Delangle, qui se demandait si le Sénat
pourrait s'opposer à une loi qu'il trouverait mauvaise mais qui ne
serait pas inconstitutionnelle : « Fût-il demontré, disait-il, que telle
« loi dont la sanction est réclamée est mauvaise dans son principe,
« dangereuse dans ses applications, ce serait le devoir, ce serait l'hon-
« neur du Sénat, si *la constitutionnalité n'était pas contestée*, de résister
« à la tentation et de voter la promulgation. L'accomplissement du
« devoir n'est pas toujours exempt d'amertume et de regrets. C'est un
« axiome d'une grande vérité que les corps politiques ne gagnent
« rien à franchir les limites qui leur sont assignées. Loin de grandir
« en empiétant sur le droit d'autrui, ils se déconsidèrent et perdent
« leur autorité. » (Très-bien , très-bien.) (Séance du 17 mai 1864,
Moniteur du 18).

Le droit qui appartient à l'Empereur , comme chef de l'Etat, de reconnaître et confirmer les anciens titres est le même que celui dont il
jouit, de faire des nobles par la *collation* d'un titre nouveau.

Or, si ces mots *en faveur*, insérés dans un décret pouvaient attribuer irrévocablement le titre ancien à un autre qu'au légitime propriétaire d'après les lois de son institution ; il faudrait aller jusqu'à dire que ces mots dans un décret de collation d'un titre suffiraient pour dépouiller de ce titre un titulaire qui vivrait encore ?

Et pour prendre un exemple dans un procès dont nous avons déjà parlé et qui a en ce moment même un grand retentissement. Si un décret impérial avait fait collation du titre de duc de Montmorency à M. de Talleyrand-Périgord, du vivant du dernier duc de Montmorency, pourrait-on prétendre qu'une collation de cette nature émanant de la puissance souveraine n'aurait pas pu être attaquée, même par M. le duc de Montmorency ?

Loin qu'il puisse jamais entrer dans la pensée impériale de porter ainsi atteinte à des droits acquis au moyen de l'exercice du pouvoir de faire des nobles qu'il tient de la Constitution, c'est le contraire qui résulte des déclarations faites en son nom par les hauts fonctionnaires qui siégent dans ses conseils.

C'est ainsi qu'on lit dans le rapport du garde des sceaux, à l'Empereur, sur le rétablissement du conseil du sceau du 8 janvier 1859, ces mots d'une haute signification : «La loi nouvelle (celle du 28 mai « 1858), doit recevoir une application sérieuse, mais éclairée. Votre « Majesté a voulu mettre un terme aux abus, atteindre la fraude et le « charlatanisme, ramener l'ordre dans l'état civil, rendre enfin aux « distinctions publiques le caractère et le prestige qui n'appartien- « nent qu'à la vérité ; mais elle n'a pas entendu porter atteinte *à des* « *droits acquis*, ni inquiéter des possessions légitimes qui ne deman- « dent que les moyens de se faire reconnaître et légitimer. »

Mais si les mots *en faveur* insérés dans un décret de collation ou de reconnaissance d'un titre héréditaire ne peuvent d'après nos lois fondamentales créer en faveur de celui qui a provoqué ce décret, un droit au préjudice de son légitime propriétaire, celui-ci doit avoir un moyen de recours pour faire rapporter la disposition du décret qui blesse ses intérêts ?

Ce moyen existe, en effet, et on en retrouve le principe dans l'ancien droit.

Les anciens auteurs nous apprennent, en effet, que les lettres patentes pour les changements ou additions de nom, portaient toujours cette clause devenue de style «sauf notre droit en autre chose et l'*autrui* « *en tout*. Quand les lettres patentes permettent à quelqu'un, dit Deni-

« zart, de porter le nom et les armes d'une maison *dont il n'est pas*
« *sorti par les mâles, s'il subsiste encore des mâles de la maison dont le*
« *nom est ainsi communiqué,* ils peuvent s'opposer à l'enregistrement
« des lettres, parce qu'en les accordant, le Roi n'entend pas préjudi-
« cier aux droits des tiers; il y a sur cela des lois précises dans le
« Digeste... D'ailleurs, on trouve dans presque toutes les lettres cette
« clause de style, sauf notre *droit en autre chose et l'autrui en tout,* etc.»
(Denizart, v° *Nom,* 14 et 15.).

Les lettres patentes, dit le conseiller d'Etat Miot, dans l'exposé des
motifs de la loi de l'an xi, étaient connues sous « le nom de lettres de
« commutation de nom, et comprenaient toujours cette clause : « Sauf
« notre droit en autre chose, et *l'autrui en tout.* »

Merlin n'est pas moins explicite que Denizart.

... Après avoir rappelé les principes de l'ancien droit sur cette matière dans un passage que nous avons déjà cité, il continue en ces termes : « à ces principes s'en joignent encore d'autres au nombre de
« quatre, le premier..., le second..., le troisième.., le quatrième, que
« les lettres étant toujours accordées sous cette condition *sous-entendue,*
« pourvu que cela ne préjudicie pas au droit acquis à un tiers, ne
« s'exécutent point, lorsqu'il y a des *mâles intéressés* qui s'opposent
« à ce changement. »

Enfin, la Cour suprême a reconnu ce principe en termes non moins
explicites : « Attendu que ce fut une maxime incontestable de notre
« droit public, que les rois de France furent toujours dans l'heureuse
« impuissance de porter aucune atteinte aux propriétés de leurs sujets;
« aussi, dans les arrêts du Conseil, portant quelques concessions au
« profit des particuliers, on lisait cette formule par laquelle ils se
« terminaient : *Sauf notre droit en autre chose et l'autrui en tout;* clause
« toujours supposée, lors même qu'elle n'était pas écrite, de manière
« que ces arrêts n'avaient aucune efficacité, s'ils n'étaient revêtus de
« lettres patentes, qui devaient être enregistrées dans les cours sou-
« veraines, lors duquel enregistrement les parties intéressées, et qui
« pouvaient se prétendre lésées dans ces actes de l'autorité publique,
« avaient la faculté de former opposition à l'arrêt d'enregistrement; et
« le Parlement, saisi par cette opposition, statuait contradictoirement
« sur les moyens respectifs des concessionnaires et des opposants; ainsi
« se faisait, d'après les titres et les circonstances, l'application de la

« clause restrictive, *Sauf notre droit en autres choses et l'autrui en tout.* »
(Arrêt du 19 juillet 1827, Sirey, Coll. nouv., t. 8, p. 644.)

C'est de ce principe si nettement énoncé par Denizart, par Merlin et par la Cour de cassation qu'il s'agit de faire l'application dans la cause actuelle.

C'est du titre *de duc* et du *nom* de Châtellerault, joint au titre qu'un descendant par les femmes s'est fait investir par le décret impérial du 20 avril au préjudice des mâles : cette attribution du titre et du nom n'a pu avoir lieu que sauf le droit d'autrui, et le véritable titulaire du titre et du nom a aujourd'hui, comme il l'aurait eu autrefois, le droit de s'opposer au décret dans la partie qui lui préjudicie, comme il aurait eu le droit de s'opposer à l'enregistrement des lettres patentes.

Ce grand principe de justice est, en effet, passé de l'ancien droit dans le nouveau et dans la jurisprudence.

Ainsi, quant aux changements ou additions de noms, la loi du 11 germinal an XI, qui donne au Gouvernement la faculté d'autoriser les changements de noms, réserve en même temps aux tiers le droit de s'opposer aux autorisations qui leur préjudicieraient ; après avoir dans plusieurs de ses articles, prescrit les mesures nécessaires pour avertir les tiers, elle ajoute : Art. 7 « toute personne y ayant droit « sera admise à présenter requête au Gouvernement pour obtenir la « révocation de l'arrêté autorisant le changement de nom. »

Dans l'espèce, il ne s'agit pas de l'application de cette loi. Ce n'est pas un changement ni une addition de nom qu'a demandés M. le duc d'Hamilton, mais bien le maintien d'un ancien titre en sa faveur.

Si ce titre, par les lois fondamentales du pays, appartient à un autre, le droit d'autrui est blessé par le décret qui en dispose en faveur de M. le duc d'Hamilton.

Il y a donc contestation sur ce point entre M. le marquis d'Abercorn et M. le duc d'Hamilton. Or, du moment qu'il y a contestation entre deux parties touchant un acte administratif, quelque élevée que soit l'autorité dont il émane, c'est le Conseil d'État, jugeant au contentieux, qui est la juridiction compétente.

Ce ne peut être le Conseil du sceau qui n'est qu'un comité consultatif (art. 6 du décret du 8 janvier 1859).

Ce Conseil du sceau n'a aucune juridiction en matière contentieuse ; il est chargé d'éclairer la conscience de l'Empereur sur les demandes en collation, confirmation, reconnaissance et vérification de titres ;

si le marquis d'Abercorn avait été informé des démarches du duc d'Hamilton pour se faire attribuer le titre de duc de Châtellerault, il aurait pu opposer ses titres à la sollicitation du duc d'Hamilton et les soumettre à l'examen du Conseil du sceau ; mais comme il n'en a pas été ainsi, et que le décret du 20 avril 1864 a été rendu au préjudice d'un tiers, ce tiers n'a plus d'autre recours que la voie contentieuse.

La justice émane de l'Empereur comme elle émanait de nos anciens rois, mais il ne la rend pas lui-même aux termes de l'article 7 de la constitution : *elle est rendue en son nom.*

Le principe est vrai pour la juridiction administrative comme pour la juridiction civile, bien que la décision du Conseil d'État intervienne sous forme d'avis.

C'est donc au Conseil d'État que le décret doit être déféré, soit pour *excès de pouvoirs*, comme portant atteinte à la propriété privée d'un tiers, dans la partie qui dispose du titre en faveur du duc Hamilton, soit, sous une forme plus respectueuse, mais arrivant au même but, par voie d'opposition au décret, parce qu'il n'a pu être rendu que sous la réserve expresse du droit des tiers ; clause, comme l'a dit la Cour suprême, toujours supposée dans ces décrets , comme elle l'était d'après les principes de l'ancien droit, dans les arrêts du conseil, lors même qu'elle n'y était pas écrite.

Au reste, si ce n'est pas en vertu de la loi du 11 germinal an XI que le pourvoi doit être formulé, il est permis du moins d'argumenter, par analogie, de cette loi, pour déterminer la compétence du Conseil d'État dans l'espèce.

Le droit en vertu duquel l'Empereur, sur l'avis de son Conseil du sceau, autorise un changement de nom, est absolument le même que celui en vertu duquel il concède un titre ou maintient un ancien titre ; c'est-à-dire, comme chef de l'État, prenant des arrêtés pour l'exécution des lois.

Or, nous venons de voir que l'art. 7 de la loi de l'an XI veut que toute personne y ayant droit soit admise à présenter requête au Gouvernement pour « obtenir la révocation de l'arrêté autorisant le chan-
« gement de noms. »

Est-ce au *Gouvernement* même, de qui émane le décret, c'est-à-dire à l'Empereur, en son Conseil du sceau, que la requête doit être présentée ?

Non, c'est au Conseil d'État, jugeant au *contentieux*.

Pourquoi? Parce qu'il y a, dans ce cas, litige entre deux parties et qu'un tribunal administratif peut seul apprécier et juger le débat.

De nombreuses décisions du Conseil d'État ont consacré cette règle.

Il suffira de citer ici deux décisions, dans lesquelles le principe a été posé d'une manière bien nette : dans la première affaire, un écrivain français, M. Roselly, avait depuis bien des années ajouté à son nom celui de de Lorgues ; il crut devoir, après la promulgation de loi de 1858, se pourvoir devant Sa Majesté pour obtenir le droit de continuer de joindre à son nom patronymique celui de de Lorgues, sous lequel il était principalement connu dans le monde littéraire ; un décret du 15 décembre 1860 l'autorisa à faire cette addition ; mais la commune de Lorgues forma opposition devant le conseil d'État au décret du 15 décembre, et ce décret fut rapporté, le 16 août 1862, par les motifs suivants :

« Napoléon, etc., considérant qu'aux termes de la loi du 11 germinal an II, les additions ou substitutions de noms autorisées par des décrets rendus sur le rapport de notre garde des sceaux, ministre de la justice, *ne sont accordées que sur la réserve expresse du droit des tiers ;* considérant que les Communes ont qualité et peuvent avoir intérêt pour s'opposer à ce que l'autorisation de porter leur nom soit accordée à des particuliers ; considérant que la commune de Lorgues justifie de motifs suffisants à l'appui de l'opposition qu'elle a formée à notre décret en date du 15 décembre 1860, par lequel nous avons autorisé le sieur Roselly à ajouter à son nom patronymique celui de ladite commune, et à s'appeler à l'avenir Roselly de Lorgues ; que, dès lors, notre décret précité doit être rapporté. Art. 1er est rapporté, etc. »

Dans une autre espèce, un sieur Campiglia avait obtenu un décret qui l'autorisait à joindre à son nom patronymique celui de Colonna d'Ornano.

Sur l'opposition des sieurs Émile et Jacques-Antoine Ornano formée devant le Conseil d'État, le décret fut rapporté par décision du 16 décembre 1859.

Il nous paraît évident qu'il y a même raison pour que le pourvoi formé contre le décret du 20 avril 1864, qui dispose du titre en faveur du duc d'Hamilton, soit jugé par le Conseil d'État.

ÆN RÉSUMÉ;

Il nous semble démontré : 1° Que le duché de Châtellerault, concédé par Henri II, en 1548, à James Hamilton, pour récompense de services éclatants rendus au royaume de France, n'a cessé d'appartenir aux descendants de James Hamilton qu'à la Révolution; que la concession n'ayant jamais été révoquée, et le duché ayant seulement été placé sous le séquestre, comme le duché d'Aubigny, il avait été protégé contre toute confiscation par le traité d'Utrecht, en 1713, comme ce même duché d'Aubigny, qui fut même rendu à ses anciens possesseurs en 1814.

Qu'à l'époque de la Révolution, le duché de Châtellerault s'est trouvé définitivement aboli; mais que le *titre* a survécu au duché, et qu'en 1814, les véritables propriétaires du titre en ont été investis conformément aux dispositions formelles des Chartes de 1814 et de 1830 ;

2° Que d'après les anciennes lois fondamentales de la France et nos lois constitutionnelles actuelles, c'est à M. le marquis d'Abercorn unique descendant aujourd'hui par les mâles, de James Hamilton, premier titulaire en 1548, qu'appartient ce titre ; que la clause qui dans le contrat de 1548 appelait sans distinction au droit héréditaire de duc de Châtellerault, les *hoirs*, et *ayants cause* de James Hamilton n'a jamais compris les femmes, qu'en tous cas, l'effet de cette clause a été déterminé, ou aboli, s'il s'y était introduit quelque chose de contraire, par l'Edit de 1711, pris par le roi de France, en vertu de sa pleine puissance et dans un intérêt public et gouvernemental; que le consultant marquis d'Abercorn, descendant par les mâles de James Hamilton, est seul aujourd'hui légitime possesseur du titre dont il s'agit ;

3° Que la famille d'Abercorn n'a jamais, en fait, renoncé à son titre de duc de Châtellerault, que loin de renoncer au titre dont il s'agit, les ancêtres du consultant ont constamment protesté contre toute tentative d'usurpation dudit titre, et, qu'en droit, le titre qui se confond avec le nom fait partie de l'état de la personne, état auquel on ne peut renoncer dans les diverses parties qui le constituent;

4° Que c'est au Conseil d'Etat qu'il appartient de connaître de l'opposition formée par le consultant au décret qui dispose, en faveur de M. le duc Hamilton, du titre de duc de Châtellerault, parce que c'est le tribunal administratif suprême qui est juge de tout acte, quelle que soit l'autorité dont il émane, qui peut léser des intérêts privés et donner naissance à un débat contradictoire.

Délibéré à Paris, le 15 mars 1865.

TREITT,

Avocat à la Cour impériale de Paris.

ROGRON,

Ancien avocat au Conseil d'État et à la Cour de Cassation.

ADHÉSIONS.

Le soussigné, docteur en droit, professeur à la Faculté de droit de Paris, après avoir pris connaissance du Mémoire à consulter et de la consultation pour M. le marquis d'Abercorn, est d'avis que sa réclamation au Conseil d'État est fondée d'après les motifs suivants :

Sans examiner quelle pouvait être la valeur de la concession du domaine de Châtellerault, faite par Henri II, en 1548, à James Hamilton, révoquée par François II en 1559, puis renouvelée par le traité du 6 juillet 1560, il nous paraît ressortir manifestement des lettres patentes de Henri II, la concession, pour laquelle le roi avait plein pouvoir, du titre héréditaire de duc de Châtellerault, en faveur de James Hamilton et de ses *hoirs, successeurs et ayants cause.* Or, d'après le droit commun de la féodalité, le titre de duc de Châtellerault constituait un duché mâle. Ce point d'ailleurs ne saurait souffrir aucun doute en présence de l'interprétation souveraine donnée par l'édit de 1711, dont l'art. 4 porte formellement :

« Par les termes d'*hoirs et successeurs* et par les termes d'*ayants cause,*
« tant insérés dans les lettres patentes ci-devant accordées qu'à in-
« sérer dans celles qui pourraient être accordées à l'avenir, ne seront
« et ne pourront être entendus que les enfants mâles descendus de
« celui en faveur de qui l'érection aura été faite, et que les mâles qui
« en seront descendus de mâles en mâles, en quelque ligne et degré
« que ce soit. »

Ce qu'il est bien essentiel d'observer, c'est que, d'après son préambule et d'après ses termes mêmes, l'édit de 1711 est une loi interprétative ; et il est de principe qu'une loi interprétative régit les faits passés même antérieurement à sa promulgation, sauf le maintien des transactions et des jugements. *Lex declaratoria omnis*, dit Bacon (*de Just. univ.*, aph. § 1), *licet non habeat verba de præterito, tamen ad præterita, ipsâ vi declarationis, omnino trahitur. Non enim tunc incipit interpretatio, cum declaratur, sed efficitur tanquam contemporanea ipsi legi.*

Dès lors, en présence de la généalogie produite par M. le marquis

d'Abercorn, laquelle constate qu'il est seul descendant en ligne masculine de James Hamilton, on ne saurait lui contester la propriété ex-
clusive du titre de duc de Châtellerault.

Vainement prétend-on que la famille Abercorn aurait renoncé à son
droit. En principe, un titre, pas plus qu'un nom, n'est dans le commerce, et ne saurait être abandonné par le titulaire au préjudice de ses
descendants. En fait, il résulte des documents produits par le consultant, et notamment des protestations de 1652 et de 1712, que les Abercorn ont toujours maintenu leur droit au regard des prétentions de la
famille Hamilton. Que si, par une transaction intervenue sur l'exécution
de l'article 22 du traité d'Utrecht, le représentant de la branche Abercorn
s'est contenté du quart sur l'indemnité payée par la France à la famille
Hamilton, il ne faut point perdre de vue que cette indemnité, valeur
purement mobilière, était de nature à pouvoir être réclamée par la
descendance féminine aussi bien que par la descendance mâle, et que
rien n'implique, dans les arrangements pris à cette époque, aucune
intention de transiger sur le titre même de duc de Châtellerault.

C'est donc au marquis d'Abercorn qu'appartient nécessairement ce
titre, en vertu de notre ancienne législation sur la noblesse héréditaire, législation qu'ont fait revivre, du moins pour les droits acquis,
et dans les limites marquées par nos institutions nouvelles, la charte
de 1814 et le décret du 24 janvier 1852. S'il pouvait subsister quelques
doutes sur l'existence même du titre et sur la valeur de la concession
originelle, ces doutes seraient levés par le décret du 20 avril 1864,
en tant qu'il *maintient et confirme* le titre héréditaire de duc de Châtellerault, créé par le roi de France, Henri II, en 1548, en faveur de
James Hamilton, comte d'Arran.

Le titre se trouve donc confirmé par l'autorité impériale. Mais le
même décret prononce cette confirmation, non en faveur de l'héritier
par les mâles, le marquis d'Abercorn, mais en faveur de l'héritier par
les femmes, Guillaume-Alexandre-Louis-Étienne, duc d'Hamilton. Par
quelle voie le consultant doit-il se pourvoir pour faire cesser le grave
préjudice que lui cause cette décision ?

Ici, nous n'hésitons pas à nous prononcer d'une manière plus tranchée que la consultation qui attaque à un double point de vue le décret
du 20 avril 1864, soit comme entaché d'excès de pouvoir, soit comme
n'étant qu'une décision gracieuse dont les tiers intéressés ont le droit
de provoquer la révision. Cette dernière marche, plus respectueuse

pour la prérogative souveraine de l'Empereur, nous paraît en même temps plus rationnelle. Il nous semble difficile de voir un excès de pouvoir caractérisé dans le seul fait de l'atteinte portée au droit des tiers. Lorsque le décret du 20 avril 1864 maintient et confirme *en faveur du duc d'Hamilton* le titre héréditaire de duc de Châtellerault, c'est plutôt une erreur de décision qu'un excès de pouvoir. L'excès de pouvoir, en effet, suppose une autorité qui sort de la sphère légitime de ses attributions. C'est ainsi que la chambre criminelle de la Cour de cassation, le 27 mai 1864, a annulé pour *excès de pouvoir* un arrêt de la Cour impériale de Dijon, qui avait déclaré usurpé un titre de comte, « attendu que cette question ne pouvait être tranchée que par l'autorité « compétente; que cette autorité est celle du souverain lui-même, « qui, ayant seul le droit de conférer les titres nobiliaires, a seul égale-« ment le droit de les vérifier, de les confirmer et de les reconnaître. » C'était donc à l'Empereur seul à statuer, comme il l'a fait dans l'espèce, sur l'avis du Conseil du sceau des titres, réorganisé par le décret du 8 janvier 1859. Ce qui est vrai, c'est que l'Empereur n'a pu statuer que suivant la formule des lettres patentes de nos anciens rois, reproduite dans la consultation, *sauf notre droit en autres choses et l'autrui en tout.* Il y a donc lieu de faire au Conseil d'État ce qu'on fait, tous les jours, devant les tribunaux lorsqu'on attaque, par une procédure contradictoire, ce que le juge a décidé officieusement sur requête, notamment pour la rectification des actes de l'état civil. Le décret du 20 avril 1864 a été rendu, sinon par un excès de pouvoir, puisqu'il n'appartenait qu'à l'Empereur seul de le rendre, du moins, ce qu'il est impossible de contester, sans contradiction, sur la demande d'une seule partie. Il s'agit maintenant de provoquer un nouvel examen au contentieux et d'appeler, en quelque sorte, de l'Empereur mal informé à l'Empereur mieux informé.

La matière des titres présente une grande analogie avec celle des noms ; toutes deux, en effet, peuvent être soumises à l'examen de la commission du sceau des titres, aux termes du décret du 8 janvier 1859. Il est donc permis d'invoquer ici l'autorité de la loi du 11 germinal an XI. Lorsque cette loi n'autorise le Conseil d'État à statuer sur les changements que *sous la réserve expresse du droit des tiers,* comme le déclare le décret du 16 août 1862, cette loi ne fait qu'appliquer le grand principe de droit commun et d'équité naturelle, suivant lequel, nul ne pouvant être jugé sans avoir été entendu, toute partie est fondée, devant toute juridiction, à s'opposer à l'exécution d'une décision lors de laquelle elle n'a point été appelée.

Nous pensons donc que, lors même qu'écartant une question constitutionnelle dont la solution est étrangère au litige actuel, le Conseil d'Etat ne verrait point un excès de pouvoir dans le décret du 20 avril 1864, sa juridiction contentieuse n'en demeure pas moins régulièrement saisie, M. le marquis d'Abercorn, étant toujours fondé à provoquer la révision contentieuse et approfondie d'une décision prise *prima facie*, sans contradicteur.

Dans ces limites nous adhérons pleinement aux motifs de fait et de droit développés dans la consultation.

Délibéré à Paris, ce 18 mars 1865.

E. BONNIER.

Après en avoir délibéré avec mon savant collègue, M. Bonnier, je donne pleine adhésion aux conclusions contenues dans son avis et aux motifs par lesquels il les a si clairement et si succinctement appuyées.

I.

Le point de départ actuel, dans cette affaire, est le décret du 20 avril 1864, qui *maintient et confirme* le titre héréditaire de duc de Châtellerault créé par le roi de France Henri II, en 1548, en faveur de James Hamilton, comte d'Arran.

Dès lors l'examen rétrospectif ne peut plus être dirigé vers le but de contester l'existence ou la validité de ce titre héréditaire en la personne de James Hamilton, comte d'Arran, premier duc de Châtellerault, puisque ce titre, tel qu'il a été créé en 1548 par le roi de France Henri II, est maintenu et confirmé par le décret impérial du 20 avril 1864.

Surabondamment, mon collègue M. Bonnier a parfaitement démontré comment, quel qu'ait pu être, d'après les règles du droit public du royaume, le sort des dispositions du roi Henri II en ce qui concernait l'aliénation du domaine qui s'y trouvait contenue, la concession du titre, comme rentrant pleinement dans les pouvoirs du roi, a été distincte de la question du domaine et n'en a subi aucun échec. Cette distinction, signalée par notre collègue, est très-fondée en droit, et les actes y ont répondu. Sans doute l'usage n'était pas, en ces temps-là, de créer des titres sans terre : cela s'est vu cependant quelquefois, même pour les pairies, chose réputée bien plus extraordinaire (1), et ce n'était qu'un retour, par occasion, aux origines premières des offices de ducs, de comtes ou de pairs. Plus d'un événement exceptionnel pouvait faire d'ailleurs, et on en a de nombreux exemples, que la possession de la terre disparût et que le titre restât. C'est un événement de ce genre qui se rencontre en notre cause, dans la saisie révocatoire du domaine opérée en 1559, saisie qui a fait l'objet de plus d'une réclamation. A part cet événement et le point contesté qui en était atteint, tout démontre, dans la cause, qu'en fait et en droit, le surplus des lettres-patentes de Henri II a sorti pleinement son effet, jusqu'à l'obligation insérée dans ces lettres-patentes par une sorte de prévision, de porter le revenu du duché à la somme annuelle de douze mille livres, obligation qui a été reconnue et plus d'une fois exécutée ; tout démontre qu'en fait et en droit, nonobstant la saisie objet des réclamations, le bénéficiaire James Hamilton, comte d'Arran, est toujours resté légitimement et héréditairement investi du titre de duc de Châtellerault. Je qualifie toutefois cette démonstration de surabondante dans la cause, parce que ce qui concerne l'existence et la validité du titre primitif est désormais une question souverainement résolue par le décret du 20 avril 1864, qui déclare maintenir et confirmer ce titre créé par Henri II.

Si le décret avait statué comme faisant une création nouvelle, comme relevant et conférant à nouveau un titre qu'il aurait déclaré n'avoir eu aucune existence légale dans le passé ou avoir été éteint, c'eût été alors que les successeurs de James Hamilton, comte d'Arran, intéressés à soutenir la permanence du titre en leur personne, auraient eu besoin, en formant un recours contentieux contre le décret, d'établir la légitimité de la concession primitive, de montrer comment le titre de duc de Châtellerault, subissant le sort commun des titres nobiliaires

---

(1) C'est ce qui se lit dans un des réquisitoires de d'Aguesseau devant le Parlement : « N'a-t-on pas vu des pairies créées sans aucun fief?... On a vu même la « pairie attribuée à une personne et la terre à une autre. » (D'AGUESSEAU, 38e plaidoyer, p. 663, au tome 3 de ses œuvres.)

de même nature en notre pays, aboli en 1789, rétabli en 1814, aboli
de nouveau en 1848, et de nouveau rétabli en 1852, se trouve subsis-
tant toujours, suivant la loi héréditaire, dans leur famille. Mais loin
d'être contraire à cette proposition le décret du 20 avril 1864 la déclare et la sanctionne par voie d'autorité. Les diverses raisons, s'il a
pu s'en présenter en des sens opposés, sur ce point fondamental de
l'existence et de la validité du titre primitif, ont dû être débattues et ap-
préciées dans le Conseil du sceau des titres, et la décision de l'Empereur,
sur l'avis de ce conseil, a été le maintien et la confirmation. C'est donc
un point qui doit rester désormais hors de controverse dans l'affaire.
Le décret ne crée pas à nouveau le titre ; il déclare maintenir et confirmer le titre héréditaire créé par Henri II en 1548 en faveur de James
Hamilton, comte d'Arran. Ce n'est pas une création nouvelle, à la date
de 1864, qui commence ; c'est la création de 1548 qui se confirme, qui
se continue, et qui doit par conséquent produire son effet suivant les
lois assignées à cette création.

II.

Le décret du 20 avril 1864, en maintenant et confirmant le titre
créé par Henri II, a bien soin de mentionner la qualité héréditaire de
ce titre ; les propres termes du décret sont qu'il maintient et confirme
le titre *héréditaire* de duc de Chatellerault, créé par le roi de France
Henri II, en faveur de James Hamilton, comte d'Arran. Il s'agit donc
de voir quel a été l'effet de cette hérédité. A qui le titre de duc de
Châtellerault, pris d'abord à sa source, dans la personne du premier
titulaire, James Hamilton, comte d'Arran, a-t-il dû ensuite passer
successivement, et sur quelle tête repose-t-il aujourd'hui légalement,
d'après la loi héréditaire qui doit y être appliquée ? C'est ici la question
vitale de la cause soumise à nos délibérations ; c'est pour la solution
de cette question qu'il est indispensable de se reporter aux règles de
l'ancien droit et à celles qui ont passé dans le droit actuel relativement à la transmission successorale des titres. Là-dessus, j'adhère
sans restriction à ce qui se trouve si bien exposé dans la consultation
produite pour M. le marquis d'Abercorn et dans l'avis de M. Bonnier.
Mais pour se fonder dès l'abord sur une grande autorité, en dehors de
notre cause et en dehors de notre temps, en présence de laquelle on
peut dire que le doute n'existe plus, il suffira d'invoquer celle de d'A-

guesseau , exposant lui-même ce sujet devant le Parlement de Paris.

Avec cette hauteur de vue, cette sûreté de savoir, cette union intime de l'historien, du publiciste, de l'orateur et du magistrat, qui font les clartés, la force et les pures magnificences de ses harangues, d'Aguesseau trace, à larges traits , le tableau des vicissitudes qu'a subies, en notre royaume , cette transmission successorale des titres et des dignités, se proposant d'en établir, comme il le dit lui-même, *les principes solides et les maximes véritables.*

Il y distingue trois âges : — Un premier conforme au vrai droit des fiefs, lesquels étant donnés à la charge du service militaire, ne pouvaient être possédés que par les mâles ; âge où, par conséquent, les fiefs avec leurs dignités étaient masculins. — Un second , contraire à la première et véritable nature des fiefs, où se mettant à ne plus considérer que la terre , on a été jusqu'à ne plus admettre dans la transmission aucune distinction de personne ni de sexe ; où tant de femmes, dont il cite les principaux exemples , ont porté en d'autres maisons que la leur, souvent même chez l'étranger, les duchés, les comtés, et jusqu'aux pairies ; où la confusion a été poussée si loin qu'on a admis à cette transmission même les collatéraux , même des successeurs à titre de vente et d'acquisition. — Enfin un troisième âge , où l'on a ouvert les yeux sur ce désordre et l'on a enfin « *rétabli le droit commun* « *qui affecte les duchés et les comtés aux mâles.* » D'Aguesseau marque les premiers pas de ce retour, aux temps de Charles V. Depuis François Ier, « *cette masculinité des duchés*, dit-il, *cette exclusion générale des* « *femelles,* surtout par rapport à la dignité de pair de France, est telle- « ment devenue le droit commun du royaume, que l'on est obligé de « reconnaître que si les termes des lettres d'érection appelaient seule- « ment à la pairie les *successeurs et les ayants cause en général,* les « femmes, dans le doute, n'y seraient pas comprises (1). »

D'Aguesseau insiste plus particulièrement, dans sa harangue, sur ce qui concerne les duchés-pairies, parce que c'est d'un duché de ce rang qu'il s'agit dans la cause où il porte la parole. Mais le principe ou la maxime générale que nous venons de rapporter est énoncé par lui expressément et à plusieurs reprises, en termes formels, pour tous

---

(1) D'AGUESSEAU, 38e plaidoyer, au tome 3 de ses œuvres, p. 702 et suivantes ; mais particulièrement, p. 703 et p. 709, pour les citations qui sont faites ici.

les duchés et comtés, même pour ceux qu'il appelle les *simples duchés* (1).

C'est dans la période de ce dernier âge que se place l'érection originaire du duché de Châtellerault, faite par Henri II, en 1548, en faveur de James Hamilton, comte d'Arran. On y peut signaler ce que d'Aguesseau dit qu'on remarque dans presque toutes les Lettres accordées depuis François Ier; savoir: qu'il n'y est pas question des femmes, et qu'en conséquence, par la seule force du droit commun, les termes d'*hoirs, successeurs et ayants cause*, qui se lisent usuellement dans ces sortes de Lettres, s'y appliquent exclusivement à la seule descendance masculine, et par les mâles, du premier titulaire.

Ce que d'Aguesseau dit de la généralité apparente de ces termes consacrés, *hoirs, successeurs et ayants cause*, des conséquences inadmissibles où mènerait cette généralité si on voulait la prendre à la lettre, et de la nécessité d'entendre ces termes suivant le droit commun, conformément à la loi générale de succession des duchés, est à noter, à citer, et s'applique parfaitement, en toute lettre, à notre cause, bien que dans le réquisitoire de d'Aguesseau le procès s'agite sur un duché-pairie : duchés-pairies ou simples duchés, les observations et le droit commun sont les mêmes en ce point (2).

(1) « On n'a commencé à ouvrir les yeux sur ce désordre que vers le temps de François Ier; et c'est dans ce dernier âge que l'on a enfin rétabli le droit commun, *qui affecte les duchés et les comtés aux mâles...* — Pour être convaincu de ces deux principes, c'est-à-dire que *les simples duchés mêmes sont affectés aux mâles*, et que l'esprit général du royaume est de distinguer la pairie personnelle de la pairie réelle, il suffit de jeter les yeux sur les Lettres qui ont été accordées depuis François Ier. » (D'AGUESSEAU, *ibid.*, p. 709.)

(2) « Le premier terme qui se présente dans cette clause est celui d'*hoirs et successeurs;* si on le prend à la rigueur, il comprend non-seulement les descendants, mais même les collatéraux; non-seulement les héritiers légitimes, mais les héritiers testamentaires; non-seulement les successeurs à titre universel, mais ceux qui succèdent à titre particulier. Cependant, oserait-on soutenir que les collatéraux, que les héritiers testamentaires, que tous les successeurs sans distinction, sont appelés?... Le troisième terme que nous trouvons dans cette clause est celui d'*ayants cause;* et quel terme peut être plus équivoque ? Ce terme général s'applique indistinctement à toute sorte de donataires et d'acquéreurs, étrangers ou de la famille. Tous ceux qui ont un titre légitime de possession sont également compris sous le terme d'*ayants cause;* prétendra-t-on qu'ils sont appelés?... » (D'AGUESSEAU, *ibid.*, p. 737 et 738.)

A peine dix-huit ans étaient-ils écoulés depuis l'érection du duché de Châtellerault, en 1548, que la royauté décréta d'une manière bien plus significative, par un acte législatif qu'on peut appeler extraordinaire, une énergique sanction à la règle d'hérédité exclusivement masculine pour tous les duchés, marquisats ou comtés. L'édit de juillet 1566, en effet, ordonna que dorénavant il ne serait fait aucune érection des terres et seigneuries, de quelque qualité, valeur et grandeur que ce fût, aux titres de duchés, marquisats ou comtés, si ce n'est à la charge et sous la condition que les titulaires venant à mourir sans hoirs mâles, procréés de leurs corps en loyal mariage, les terres, plutôt que de passer à la descendance par les femmes ou à tout autre genre ou ordre de successeurs, seraient dévolues et inséparablement incorporées au domaine de la Couronne. Cette incorporation qui faisait non-seulement périr le titre à défaut de descendance masculine par les mâles, mais qui enlevait même, en ce cas, les terres à la famille pour les faire passer à la Couronne, était d'autant plus extraordinaire qu'elle atteignait, aux termes exprès de l'édit, non-seulement les terres ayant pu provenir anciennement du domaine, mais même celles qui y ayant toujours été étrangères, formaient des biens purement patrimoniaux. L'érection en duchés, marquisats ou comtés, les frappait de cette chance d'incorporation, sans même que les Lettres d'érection en eussent fait mention, et par la seule force de l'édit (1). Le but politique était, outre l'intérêt fiscal, de diminuer, par l'appréhension de cette chance, le nombre des demandes d'érection, qu'une ambition contagieuse menaçait de faire dégénérer en multitude (2).

---

(1) «... Disous, statuons et ordonnons par loy, édict, statut et ordonnance irrévocables, que d'oresnavant il ne sera fait par nous ou nos successeurs aucune érection des terres et seigneuries de quelque qualité, valeur et grandeur qu'elles soient, esdits tiltres de duchez, marquizats ou comtez, que ce ne soit à la charge et condition que venans les sieurs propriétaires desdites terres qui seront érigées en duchez, marquizats ou comtés, à décéder sans hoirs masles, procréez de leurs corps en loyal mariage, icelles terres seront unies et incorporées à notre domaine inséparablement, encores qu'elles ne fussent d'ancienneté de nostredit domaine, et qu'ès lettres desdites érections il ne fust fait aucune mention de ladite charge et condition. » (ÉDIT DE JUILLET 1566, sous Charles IX, L'hospital, chancelier).

(2) «... Lesquels tiltres viendroient à la fin en telle multitude qu'ils en seroient moins honorez et estimez que du passé, et l'ordre qui y a esté loüablement estably et longuement gardé, en seroit perverty, et nous en serions infiniment recherchez et importunez. » (Préambule de l'ÉDIT de 1566.)

Après la puissance royale, et dans le même sentiment, vint l'Assemblée des États généraux. La disposition de cet édit de 1566 fut, en effet, de nouveau consacrée treize ans après, par l'Ordonnance de 1579, rendue sur les plaintes et doléances des États de Blois (1).

Mais comme cette ordonnance d'incorporation au domaine à défaut de descendance masculine par les mâles, était une nouveauté dont l'effet, si on l'avait appliquée au passé, aurait été d'enlever aux personnes des droits acquis, l'édit de 1566 n'impose la charge d'incorporation qu'aux seules érections à venir. Ainsi, l'érection du duché de Châtellerault, antérieure de dix-huit ans à l'édit de 1566, quoique soumise par la loi générale à la seule succession masculine quant au titre, n'a pu être atteinte par cette menace d'incorporation quant aux biens, par exemple, quant à la rente annuelle de douze mille livres représentant à défaut de la terre, les revenus du duché. L'édit de 1566 n'a d'autre portée, en ce qui touche l'érection de 1548, antérieure à cet édit, que de montrer combien la règle de la succession masculine était déjà à cette époque fortement ancrée dans le droit commun général, puisqu'on assied sur cette règle une mesure fiscale aussi rigoureuse que l'incorporation. L'édit de 1566 n'introduit pas la règle de l'hérédité masculine : ce serait une grande erreur de croire le contraire. L'observation de cette règle, remise en vigueur avec fermeté dès l'époque de François Iᵉʳ, est antérieure à l'édit de 1566 ; d'Aguesseau le dit plus d'une fois en propres termes (2). L'édit la trouve établie comme droit commun incontestable, et il en prend texte pour pousser jusqu'à la rigueur fiscale de l'incorporation. Cela est tellement vrai, que la dispense de l'édit de 1566, insérée par exception dans les lettres-patentes, ne dispenserait pas à elle seule de la règle de l'hérédité masculine : les biens, à défaut de toute descendance par les mâles, étant dispensés de la réunion au domaine, iraient aux femmes ou à tous

(1) ORDONNANCE de Blois, de mai 1579, sous Henri III : « Art. 279. Voulons et entendons que l'ordonnance faite au mois de juillet 1566, sur l'érection des duchez, marquizats et comtez, et union de notre domaine, soit inviolablement gardée, nonobstant toutes lettres de jussion et dérogation au contraire. »

(2) C'est à propos du changement qui se produisit du second au troisième âge, et de la nouvelle jurisprudence établie dès François Iᵉʳ, que d'Aguesseau dit : « L'édit de 1566 *a confirmé* cette nouvelle jurisprudence » ; et plus loin : quelle fut la cause de ce changement, qui arriva dans la nature des duchés et des pairies, *même avant l'édit de 1566* ? (t. 3, p. 709 et 710).

autres successeurs légitimes, mais non le titre. C'est ce que dit encore bien textuellement d'Aguesseau (1).

Le tableau de jurisprudence historique dont nous venons de reproduire les principales lignes, est frappant de vérité et puissant d'autorité. Il en résulte, en somme, que même durant ce que d'Aguesseau appelle le second âge, si on s'est écarté de la règle primitive de l'hérédité masculine des titres, ce n'a été que par abus, confusion et désordre ; et que lorsque arrivé au dernier âge, à partir de Charles V, mais surtout, d'une manière plus ferme et plus générale, depuis François Ier, on est revenu à l'observation de cette règle, on n'a fait que mettre fin à la confusion et au désordre en rétablissant le droit commun.

A toute époque cependant, même après ce dernier âge que signale d'Aguesseau, même après l'édit de 1566 et l'ordonnance de Blois de 1579, il y a eu certaines exceptions à la règle de l'hérédité masculine, et on a distingué des duchés ou comtés qu'on a qualifiés de *féminins*, parce que les femmes y pouvaient être appelées ; mais ces exceptions spéciales, placées en dehors du droit commun, ont eu besoin de ressortir de clauses expresses, de stipulations formelles, de justifications particulières et exceptionnelles, dont aucune n'existe et n'a jamais existé à l'égard du duché de Châtellerault. Il faut voir, dans les exemples qu'on en a, avec quel soin, avec quelle précision, avec quelle redondance de formules et de déclarations à plusieurs reprises, les lettres-patentes ont mentionné nominativement les femmes lorsque, par une faveur dérogatoire à la loi générale, le roi qui faisait l'érection a voulu que la succession du titre et de la dignité pût arriver jusqu'à elles (2). Rien de pareil dans les lettres-patentes d'érection du duché de Châtellerault.

---

(1) « L'effet même de cette dérogation (à l'édit de 1566) n'est point de conserver aux femmes la dignité de duc, mais la possession du duché ; et elle regarde plus la possession de la terre que les prérogatives de la personne. » (t. 3, p. 740.) — Et plus loin : « Comme la loi (de 1566) ne considère que la propriété de la terre, la dérogation à cette loi est limitée à cet unique objet ; le Roi n'a point intention de perpétuer par là une dignité qui ne peut convenir qu'aux seuls mâles... En un mot, il ne donne aucun nouveau droit aux filles ni à leurs descendants, il les met seulement à couvert d'une perte dont elles étaient menacées. » (t. 3, p. 741.)

(2) Voir, comme exemple, dans d'Aguesseau (t. 3, p. 645, 646 et 648), les lettres-patentes de 1576 et de 1581, dans lesquelles les termes de *tant mâles que femelles*,

A toute époque aussi il y a eu des abus, des usurpations de fait, qui ont pu se glisser un certain temps sans réclamation ou nonobstant les réclamations, mais qui jamais, en cette sorte d'intérêt, n'ont pu altérer le droit.

C'est la lutte « de ces clauses particulières recherchées avec art « contre le poids des règles générales, de cette multitude de disposi- « tions nouvelles et singulières ajoutées par l'ambition des derniers « siècles à la simplicité des anciennes érections » (expressions mêmes du préambule de l'édit de 1711), de ces prétentions abusives ou de ces entreprises d'usurpation contraires au droit commun, c'est cette lutte qui avait fini par obscurcir encore, sous Louis XIV, la lumière de ce droit commun, suscité des procès, amassé des équivoques, engendré des hésitations, et rendu nécessaire qu'une voix aussi accréditée que celle de d'Aguesseau, portant la parole en qualité d'avocat général, dissipât ces ombres et proclamât, sous l'autorité de l'histoire et sous celle de la science, les principes solides et les maximes véritables de notre droit public, relativement à la transmission successorale des titres et des dignités.

Du procès dans lequel d'Aguesseau a rempli cette mission, et des conclusions qu'il y a données avec éclat, dont nous n'avons reproduit qu'un pâle reflet, est sorti l'édit interprétatif du mois de mai 1711.

Parvenu à ce degré de la démonstration, je n'insisterai plus, en ce qui touche l'hérédité du duché de Châtellerault, que sur les deux points suivants :

En premier lieu, sur le caractère interprétatif de cet édit de 1711 quant à ce qui regarde la transmission successorale des duchés, et sur ce principe bien connu que l'interprétation par voie d'autorité, consistant, non pas à introduire une disposition législative nouvelle, mais à fixer et à proclamer le sens véritable du droit préexistant, remonte à la date même de ce droit, se confond, fait un même corps avec lui, et doit régir avec non moins d'étendue et non moins de puissance les faits même antérieurs au texte interprétatif. Or, ce caractère de l'édit du mois de mai 1711, en ce qui touche la loi héréditaire des duchés, ressort, sans contestation possible, non-seulement du préambule de

---

ses fils ou filles, soit mâles, soit femelles, sont répétés jusqu'à quatre fois, en phrases successives coup sur coup.

l'édit, mais surtout du dispositif, de l'occasion qui y a donné naissance, et de l'application qui en a été faite.

Il ressort du dispositif : en effet, si l'on regarde à ce dispositif, une comparaison, d'abord entre les divers articles que renferme l'édit de 1711, et ensuite entre cet édit et celui de 1566, mettra bien en évidence ce caractère. Ainsi, parmi les articles de l'édit de 1711 il en est plusieurs qui introduisent des dispositions nouvelles : ceux-là, en conséquence, sont rédigés en forme d'articles destinés à ne régler que l'avenir ; mais les art. 4 et 5, relatifs à la loi d'hérédité des duchés, qui ne font que donner, sur ce point, l'interprétation du droit préexistant, comprennent, en termes exprès dans leur rédaction, tant le passé que l'avenir. Ainsi, encore, l'édit de 1566, en qualité de loi nouvelle, introduisant dans la législation une rigueur qui n'existait pas auparavant, déclare formellement dans son texte qu'il ne dispose que pour les érections qui seront faites d'*oresnavant* ; tandis que l'édit de 1711, au contraire, dans ces mêmes art. 4 et 5 relatifs à l'hérédité des duchés, déclare textuellement qu'il dispose *tant pour les lettres d'érection ci-devant accordées que pour celles qui pourroient l'être à l'avenir* (1). C'est une interprétation des termes usuels d'*hoirs, successeurs et ayants cause* (art. 4), et une interprétation même des clauses exceptionnelles insérées en faveur des femmes (art. 5), qui est donnée dans ces articles comme le véritable sens légal à reconnaître à ces termes et à ces clauses, dans toutes les lettres patentes d'érection, passées ou futures.

Le caractère interprétatif ressort de l'occasion d'où est sorti l'édit de 1711 : en effet, si l'on regarde à cette occasion, on voit que l'édit de 1711 a pris sa source dans le procès même où parlait d'Aguesseau et dans les conclusions de ce magistrat. Si l'on rapproche les uns des

---

(1) Art. 4 de l'édit de 1711 : « Par les termes d'hoirs et successeurs, et par les termes d'ayants-cause, *tant insérés dans les lettres d'érection ci-devant accordées, qu'à insérer dans celles qui pourroient être accordées à l'avenir,* ne seront et ne pourront être entendus que les enfants mâles descendus de celui en faveur de qui l'érection aura été faite, et que les mâles qui en seront descendus de mâles en mâles, en quelque ligne et degré que ce soit.

Art. 5. « Les clauses générales *insérées ci-devant dans quelques lettres d'érection* de duchés et pairies en faveur des femelles, *et qui pourroient l'être en d'autres à l'avenir,* n'auront d'effet qu'à l'égard de celle qui descendra et sera de la maison et du nom de celui en faveur duquel les lettres auront été accordées, et à la charge qu'elle n'épousera, etc. »

10

autres, d'une part ces conclusions, et d'autre part les art. 4 et 5 de
l'édit, on voit que ces articles ne sont que la reproduction très-exacte
des conclusions de d'Aguesseau tournées en formule concise, et con-
sacrées par voie d'autorité interprétative, afin de faire cesser les hésitations qui avaient donné lieu à ce procès et à d'autres semblables.
Tout ce que d'Aguesseau a proclamé comme principes solides et
maximes véritables de notre droit public, remis en vigueur à partir
surtout de François Ier, quant à la transmission héréditaire des titres
et des dignités, tout se trouve résumé, ni plus ni moins, dans les art. 4
et 5 de l'édit de 1711. L'opinion du jurisconsulte et la parole du magistrat ont passé dans ces articles de l'édit. Tout jusqu'à cette proposition de d'Aguesseau que, même dans les érections féminines, la clause
exceptionnelle en faveur des femmes ne peut être entendue, à moins
de dispositions contraires plus étendues, que pour une première transmission féminine , en faveur de celle qui sera de la descendance, de
la maison et du nom de l'ancien titulaire, mais non en faveur de la
fille de la fille, parce que celle-ci n'est plus de la famille de son aïeul
maternel (1); à la charge encore par la femme, ainsi appelée, de ne se
marier qu'avec l'agrément du roi, et de ne transmettre le titre et les
dignités à son mari et à ses descendants qu'au moyen de nouvelles
lettres confirmatives en leur faveur : propositions certes bien limita-
tives, que d'Aguesseau énonce comme étant de droit, et qui se retrouvent sanctionnées à la lettre dans l'art. 5 de l'édit. Enfin de même que
le plaidoyer et les conclusions de d'Aguesseau roulent principalement
sur les duchés-pairies, objet du procès, mais qu'elles sont, à diverses

---

(1) « Elle (la fille) porte le nom et les armes de son père; elle est, à la vérité,
la fin de sa famille, mais elle en est encore ; et ces restes précieux d'un nom que
le Roi a voulu honorer d'une dignité si éclatante, peuvent obtenir de sa bonté,
qu'il veuille bien accorder au mari la communication de cette même dignité. —
Mais cette raison cesse absolument dans le second degré; et lorsqu'il est question
de la fille de la fille, a-t-on besoin de recourir à l'autorité des lois, et faut-il accu-
muler ici les autorités des jurisconsultes, pour montrer qu'elle n'est plus de la
famille de son aïeul maternel, qu'elle suit la famille de son père, et qu'elle
est regardée par le droit comme étrangère, pour ainsi dire, par rapport aux
priviléges accordés au nom et à la famille de sa mère? La raison naturelle ne
dicte-t-elle pas cette différence à tout le monde, et faut-il être jurisconsulte pour
s'apercevoir du vice de la conséquence que l'on tire du premier au second
degré ? » (D'AGUESSEAU, au tome 3, déjà cité, p. 752 et 753.)

reprises, énoncées par ce magistrat, d'une manière formelle, comme s'appliquant même aux simples duchés ; de même les art. 4 et 5 de l'édit de 1711 disposent d'abord pour les duchés-pairies, mais l'article final (art. 10) veut que ce qui est porté par l'édit pour les ducs et pairs, ait lieu pareillement pour les ducs non pairs, en ce qui peut les regarder (1). Ainsi, l'édit de 1711, dans ses dispositions relatives à l'hérédité du titre, soit pour les ducs et pairs, soit pour les ducs non pairs, ne prétend rien innover : il s'en tient à l'interprétation du droit donnée par d'Aguesseau en audience du Parlement, dans ses conclusions d'avocat général, et il la sanctionne impérativement.

Enfin, le caractère interprétatif ressort de l'application qui a été faite par l'édit lui-même de ses propres dispositions relatives à l'hérédité des titres, car c'est par ces dispositions que l'art. 9 de l'édit résout et termine deux procès antérieurs, laissés en suspens : celui même dans lequel d'Aguesseau portait la parole, et un autre procès analogue. Certes voilà bien encore qui régit le passé et non pas l'avenir seulement ; voilà bien qui met en relief, avec une énergie singulière et toute significative, la puissance de l'interprétation, et son assimilation, même rétroactive, avec le droit interprété.

Sans doute nous avons peine aujourd'hui, avec notre organisation du système représentatif et de la puissance législative à trois branches, surtout en France depuis notre loi du 1ᵉʳ avril 1837 sur l'autorité des secondes cassations, nous avons peine à concevoir des lois pareilles à celles de l'édit de 1711, réunissant dans leur ensemble des dispositions nouvelles, des dispositions interprétatives, et des décisions de procès par application de cette interprétation ; mais sous l'ancienne monarchie il n'y avait rien que d'ordinaire en cela. Le brocard généralement admis par toute l'Europe : « *Ejus est interpretari cujus est legem condere,* » dont la rédaction n'appartient pas au droit romain, mais dont le principe en est tiré indubitablement, fonctionnait en toute son étendue dans nos ordonnances royales, et les publicistes soutiennent encore, avec raison, aujourd'hui, qu'à part le mélange et la confusion inadmissibles avec le pouvoir judiciaire, le droit de rendre des lois interprétatives, quoique plus difficilement et par suite très-rarement

---

(1) Art. 10 *de l'édit de* 1711 : « Voulons et ordonnons que ce qui est porté par le présent édit pour les ducs et pairs, ait lieu pareillement pour les ducs non pairs, en ce qui peut les regarder. »

exercé, n'en continue pas moins de résider essentiellement dans le sein du pouvoir législatif, de quelque manière que ce pouvoir soit organisé.

Le caractère interprétatif des art. 4 et 5 de l'édit de 1711 étant mis ainsi hors de doute, les lettres d'érection du duché de Châtellerault, de 1548, se trouvant textuellement comprises, sous les mots de « *lettres d'érection ci-devant accordées*, » dans les dispositions de l'art. 4, relatives à l'interprétation des termes usuels *d'hoirs, successeurs et ayants cause*, il n'en faut pas davantage pour en tirer la conclusion forcée que ces termes n'ont jamais dû être entendus, dans les lettres patentes de 1548, autrement que des seuls enfants mâles ou descendants de mâle en mâle du titulaire, en quelque ligne et degré que ce soit. Telle est la puissance interprétative de cet édit de 1711, englobant dans son art. 4 toutes les lettres d'érection passées ou futures, que nous aurions pu nous en tenir à la seule lettre de cet édit pour démontrer l'hérédité exclusivement masculine du titre de duc de Châtellerault. Si nous y avons joint, en outre, en l'empruntant au réquisitoire de d'Aguesseau, la démonstration de l'existence de ce droit antérieurement à l'édit et indépendamment de l'édit, c'est qu'avant d'agir, pour ainsi dire irrésistiblement de par la seule autorité de l'édit, nous avons tenu à agir par la conviction même que cet édit n'avait fait que donner le véritable sens du droit préexistant.

Le second point sur lequel j'insiste particulièrement est cet autre principe, également bien connu, que les transactions, les conventions ou renonciations qui auraient pour objet l'état des personnes, les titres ou les noms, sont de nul effet, même entre les parties de qui elles émanent, et ne peuvent changer ni altérer le droit quant à ces sortes d'intérêts, parce que ni l'état, ni les titres, ni les noms des personnes ne sont dans le commerce, à la disposition des particuliers ; tandis, au contraire, qu'il est parfaitement loisible de faire des transactions, des contrats ou des renonciations relativement aux intérêts pécuniaires qui seraient la conséquence de l'état, du titre ou du nom, pourvu qu'il s'agisse de droits et intérêts pécuniaires acquis aux personnes qui en disposent et que ces personnes aient la capacité voulue par la loi.

Ce principe suffit pour montrer combien seraient vaines et de nul effet, en ce qui touche la transmission héréditaire du titre de duc de Châtellerault, les prétendues transactions ou renonciations qui auraient eu lieu, quant à ce titre, à une époque quelconque, entre les descen-

dants par les femmes et les descendants par les mâles du premier titulaire : transactions ou renonciations qui, du reste, sont démenties
énergiquement par les faits et par les actes. Le même principe explique
aussi comment, au contraire, une transaction a pu avoir lieu valablement, à un moment donné, en ce qui touchait le paiement à recevoir
du Gouvernement français, de certaine somme importante, représentant l'accumulation du revenu de douze mille livres par an, auquel
avait été fixé, par l'acte de concession primitive, le produit pécuniaire
du duché ; mais combien serait grande l'erreur, si on voulait conclure
de la transaction ayant pour objet le partage de cette somme, à l'hérédité du titre même de duc de Châtellerault !

La loi de cette transmission héréditaire du titre, à l'abri de toute
transaction, renonciation ou abus qui auraient pu se produire, est
toujours restée celle généralement reconnue par notre droit français à
l'égard des duchés : c'est-à-dire la transmission du titre aux enfants
mâles ou descendants de mâle en mâle du premier titulaire. Or la
généalogie produite dans la cause montre que cette qualité appartient
uniquement aujourd'hui au marquis d'Abercorn, et que c'est en sa
personne que réside exclusivement le titre de duc de Châtellerault.

III.

Cependant le décret du 20 avril 1864, tout en maintenant et confirmant le titre héréditaire de duc de Châtellerault, créé par le roi de
France Henri II, en 1548, en faveur de James Hamilton, comte d'Arran, fait ce maintien et cette confirmation, non pas au profit de l'héritier par les mâles, le marquis d'Abercorn, véritable titulaire actuel, mais
au profit du descendant par les femmes, Guillaume-Alexandre-Louis-
Étienne, duc d'Hamilton, étranger, d'après la loi successorale, au titre
de duc de Châtellerault. Cette disposition, d'une part, est contradictoire
avec elle-même, car si le titre héréditaire créé par Henri II en faveur de James Hamilton, comte d'Arran, est maintenu et confirmé, il
doit nécessairement produire son effet conformément à la loi héréditaire qui n'a pas cessé de régir ce titre ; et d'autre part cette disposition
tendrait à enlever au marquis d'Abercorn, duc actuel de Châtellerault, pour le transporter à un autre, un droit qui lui est acquis.

Combien les décisions de l'Empereur statuant par voie d'autorité ou
par voie gracieuse sur la confirmation ou la collation des titres, malgré

le sentiment de bienveillance et d'équité qui y préside, malgré les lumières qui se rencontrent dans le Conseil du sceau des titres donnant un avis préalable, ne seraient-elles pas dangereuses et alarmantes pour les droits des tiers, si, rendues sur les sollicitations et en faveur des mérites qui se font valoir, ou même spontanément, comme récompense de services ou de mérites reconnus, elles pouvaient avoir pour effet, sans débat contradictoire, sans juridiction contentieuse, d'enlever à qui que ce soit des droits acquis, de sacrifier au bénéfice de l'un ce qui appartient à un autre, ou même de trancher d'autorité des questions de droits litigieux !

Heureusement il n'en est pas ainsi : la consultation produite pour M. le marquis d'Abercorn, et notre collègue, M. Bonnier, après elle, ont cité cette formule de notre ancienne monarchie, qui constituait la réserve de toutes les concessions par voie de grâce ou d'autorité : « *Sauf notre droit en autre chose et le droit d'autrui en tout.* » Cette formule si expressive, pour n'être pas insérée, n'en existe pas moins, toujours sous-entendue, dans tous les actes de concession, et plus d'une fois, quand l'occasion s'en est présentée, elle a été rappelée et mise en application par nos juridictions civiles comme par nos juridictions administratives, par la Cour de cassation comme par le Conseil d'Etat.

Cette règle que tout acte de grâce, faveur ou libéralité, en un mot que toute décision, que toute disposition par voie gracieuse, émanée du souverain ou d'un pouvoir quelconque, a lieu inévitablement sous la réserve du droit d'autrui , est une règle d'équité et de droit public pour tous les temps et pour tous les gouvernements, même les plus absolus; parce que jamais le souverain, jamais un pouvoir quelconque, ne peut être généreux, indulgent ou gracieux aux dépens du droit d'autrui, jamais une pareille intention n'entre dans sa pensée ou ne peut lui être supposée. Qu'il s'agisse de droit public ou administratif, de droit pénal ou de droit civil privé, la règle est toujours la même. La règle s'applique non moins énergiquement aux actes de l'autorité agissant d'office et spontanément, sans provocation ni sollicitation, dans l'exercice du pouvoir gouvernemental ou exécutif; elle s'applique même aux actes du pouvoir législatif, car lorsqu'on dit que la loi ne peut avoir d'effet rétroactif, cela ne signifie rien autre, si ce n'est que la loi elle-même ne peut enlever à qui que ce soit des droits acquis. Si donc il arrive qu'un droit appartenant à autrui soit lésé ou même soit prétendu lésé par un acte de gouvernement ou d'administration, après et contre la disposition par voie d'autorité ou par voie gracieuse, un recours est nécessairement ouvert par la voie contentieuse à celui qui élève une telle réclamation, afin que sa prétention soit contradictoirement examinée, appréciée par les juges compétents et que, dans un sens ou dans un autre, il lui soit fait justice.

L'honneur des gouvernements est à ce prix, et il n'y a pas de justice sans cette règle. Ce n'est rien moins que le respect de la division entre les pouvoirs législatif, exécutif ou judiciaire.

Ainsi, chez nous, lorsque l'Empereur statue, sur l'avis du Conseil du sceau des titres, en fait de confirmation ou de collation des titres, il statue dans l'exercice des hautes attributions dont il est investi en ces sortes d'intérêts qui se lient à la fois à la chose publique et à la chose privée; mais il ne statue pas comme pouvoir de juridiction chargé de prononcer sur des droits en litige. Lors même que des mémoires, que des pièces ou des documents en sens divers, auraient été produits devant le Conseil du sceau, par des intéressés opposés l'un à l'autre, dans le but de prévenir ou de faire modifier ou de faire rendre le décret, ce fait ne saurait changer en rien la nature du pouvoir ni la nature de la décision. Le Conseil du sceau des titres n'appartient à aucune branche du pouvoir judiciaire; il n'a aucun caractère de juridiction ni dans l'ordre gouvernemental ou administratif, ni dans l'ordre civil : c'est un conseil purement consultatif. Dans les décrets qu'il rend sur l'avis de ce Conseil, l'Empereur ne statue que par voie d'autorité ou de disposition gracieuse. Un recours par la voie contentieuse est donc nécessairement ouvert, contre de tels décrets, à toute personne qui se croirait lésée dans un droit à elle acquis; et ce recours, d'après nos institutions et nos règles de compétence générale en pareil sujet, doit être porté devant l'Empereur, en son Conseil d'Etat, section du contentieux, car c'est en ce Conseil que réside la plus haute juridiction pour les contestations litigieuses qui tiennent à l'ordre gouvernemental ou administratif. Telle est la marche légitimement ouverte à M. le marquis d'Abercorn contre le décret du 20 avril 1864.

En somme, la solution de l'affaire soumise à notre examen me paraît se concentrer dans les trois propositions suivantes :

Validité de la concession primitive du titre : question résolue par le décret du 20 avril 1864, qui maintient et confirme le titre héréditaire de duc de Châtellerault, créé par le roi de France Henri II, en 1548, en faveur de James Hamilton, comte d'Arran ;

Loi héréditaire de la transmission de ce titre aux enfants mâles et aux descendants de mâle en mâle du premier titulaire : question résolue, au besoin, par l'édit interprétatif de 1711 ; — Et généalogie qui montre qu'en conformité de cette loi, le titre de duc de Châtellerault réside aujourd'hui exclusivement en la personne de M. le marquis d'Abercorn.

Recours par la voie contentieuse nécessairement ouvert à quiconque se prétend lésé dans un droit à lui acquis, contre toute décision ou disposition rendue par voie gracieuse ou par voie d'autorité qui aurait produit cette lésion ; — En conséquence recours ouvert à M. le marquis d'Abercorn, devant l'Empereur, en son Conseil d'Etat, section du contentieux, contre le décret du 20 avril 1864, qui, statuant par voie d'autorité et de disposition gracieuse, tout en maintenant et confirmant le titre héréditaire créé par le roi de France Henri II, en 1548, a fait ce maintien et cette confirmation au profit d'un autre que le marquis d'Abercorn, à qui seul appartient légitimement ce titre.

IV.

Je terminerai cette adhésion en l'appuyant, comme exemple, d'une curieuse histoire qui se lit aux *Mémoires de Saint-Simon*, celle du procès de préséance entre le maréchal de Luxembourg et plusieurs autres ducs opposants : le procès précisément dans lequel ont été données les conclusions de d'Aguesseau déjà citées précédemment. La situation, sans être identique, y était analogue à celle de notre cause actuelle. Il y était question de deux concessions du duché-pairie de Piney : la première de 1581, érection originaire, en faveur de François de Luxembourg ; la seconde de 1661, par lettres patentes de Louis XIV, portant translation, *en tant que besoin serait*, du duché et de la pairie au comte de Boutteville qui épousait l'héritière des Luxembourg. Ce comte de Boutteville, de la maison des Montmorency, autorisé par les mêmes lettres patentes à réunir en lui, par suite de son mariage, le nom et les armes des deux familles, est devenu le maréchal de Luxembourg. Il y faut joindre cette particularité singulière et bien significative, que quinze ans plus tard, c'est-à-dire peu après l'avoir créé maréchal de France, Louis XIV, par de nouvelles lettres patentes de 1676, avait déclaré n'avoir point entendu faire aucune érection nouvelle en 1661, mais avoir seulement transféré en la personne de M. de Luxembourg, par

confirmation de son contrat de mariage, l'ancienne érection de Piney.
De là, chez le maréchal, la prétention que son titre, en exécution de
ces lettres patentes du roi, et surtout en exécution des dernières, re-
montait à la date originaire de 1581 et lui donnait, en conséquence,
le pas sur tous les ducs postérieurs. Mais ceux-ci soutenaient, au contraire, que par divers motifs de droit qu'ils énuméraient, l'ancienne
érection de Piney avait été légalement éteinte, qu'en conséquence c'é-
tait à eux qu'appartenait, sur M. de Luxembourg, le droit d'ancienneté, et que ni les lettres patentes de 1661 ni celles de 1676 ne pouvaient avoir pour effet de le leur retirer (1). Leur réclamation était seulement d'un droit de préséance, tandis que la nôtre est celle du droit
au titre lui-même ; leur réclamation se fondait sur l'extinction légale
de l'érection originaire qui leur était opposée, tandis que la nôtre se
fonde sur la persistance légale de notre érection originaire, venue
par la loi successorale jusqu'à nous; mais, à part ces différences, c'é-
tait toujours la réclamation contentieuse d'un droit acquis, soulevée
par les ducs opposants, en présence et en contradiction d'actes émanés
du souverain. L'adversaire en faveur duquel avaient été rendus les
actes était le maréchal de Luxembourg, dans tout l'éclat de ses services
et de sa gloire militaires, dans toute la puissance de son crédit (2) ; ces
actes du souverain portaient en tête les termes, signalés par d'Agues-

---

(1) *Mémoires complets et authentiques* DU DUC DE SAINT-SIMON (édition de M. CHÉ-
RUEL, in-18), t. 1, ch. 8 et 9, plus particulièrement pages 86, 93 et 94. — V. aussi
dans les Œuvres de D'AGUESSEAU, t. 3, déjà cité, p. 645 et suiv., 653 et suiv.

(2) « L'éclat de ses campagnes, et son état brillant de général de l'armée la
plus proche et la plus nombreuse, lui avoient acquis un grand crédit. La cour
étoit presque devenue la sienne par tout ce qui s'y rassembloit autour de lui, et
la ville, éblouie du tourbillon et de son accueil ouvert et populaire, lui étoit dé-
vouée. Les personnages de tous états croyoient avoir à compter avec lui, surtout
depuis la mort de Louvois, et la bruyante jeunesse le regardoit comme son père,
et le protecteur de leur débauche et de leur conduite, dont la sienne, à son âge,
ne s'éloignoit pas. Il avoit captivé les troupes et les officiers généraux. Il étoit
ami intime de M. le Duc, et surtout de M. le prince de Conti, le Germanicus
d'alors. Il s'était initié dans le plus particulier de Monseigneur, et, enfin, il venoit
de faire le mariage de son fils aîné avec la fille aînée du duc de Chevreuse, qui,
avec le duc de Beauvilliers, son beau-frère, et leurs épouses, avoient alors le
premier crédit et toutes les plus intimes privances avec le roi et avec madame de
Maintenon. — Dans le parlement, la brigue étoit faite. Harlay, premier président,
menoit ce grand corps à baguette ; il se l'étoit dévoué tellement qu'il crut qu'en-

seau, *de grâce spéciale, de pleine puissance et autorité royale* (1), et le roi
qui les avait signés était Louis XIV ! Afin d'ajouter à l'influence du
crédit et au prestige de l'autorité, les agréments du style et la séduc-
tion des lettres, c'était le grand poëte, c'était Racine qui avait été
chargé d'employer sa plume à polir les mémoires du maréchal de
Luxembourg (2).

Personne cependant, à cette époque, si ce n'est leur adversaire,
n'aurait songé à contester aux ducs opposants le droit d'élever leur
réclamation et de la faire juger. L'adversaire essaya contre eux quelques fins de non-recevoir, prétendant qu'aucun particulier dans le

---

treprendre et réussir ne seroit que même chose, et que cette grande affaire lui
coûteroit à peine le courant d'un hiver à emporter» (*Mémoires de* Saint-Simon, t. 1,
ch. 8, p. 87).

(1) « On y lit ensuite les termes de *grâce spéciale, de pleine puissance et autorité
royale* » (d'Aguesseau, tome 3, déjà cité, p. 656).

(2) « Le célèbre Racine, si connu par ses pièces de théâtre, et par la commission où il étoit employé lors pour écrire l'histoire du roi, prêta sa belle plume
pour polir les factums de M. de Luxembourg, et en réparer la sécheresse de la
matière par un style agréable et orné, pour les faire lire avec plaisir et avec par-
tialité aux femmes et aux courtisans. Il avoit été attaché à M. de Seignelay, étoit
ami intime de Cavoye, et tous deux l'avoient été de M. de Luxembourg, et Cavoye
l'étoit encore. En un mot, les dames, les jeunes gens, tout le bel air de la cour
et de la ville étoit pour lui, et personne parmi nous à pouvoir balancer ce grand
air du monde, ni même y faire aucun partage. Que si on ajoute le soin de longue
main pris de captiver les principaux du parlement, et toute la grand'chambre
par parents, amis, maîtresses, confesseurs, valets, promesses, services, il se trou-
vera qu'avec un premier président tel que Harlay à la tête de ce parti, nous
avions affaire à incomparablement plus fort que nous.» *Mémoires de* Saint-Simon,
t. 1, ch. 9, p. 91). — Et plus loin, à propos d'un de ces factums pour le maréchal
de Luxembourg : « Là ce factum fut lu. On y trouva quantité de faits faux, plusieurs tronqués et un éblouissant tissu de sophismes. La science de Talon et l'élé-
gance et les grâces de Racine y étoient toutes déployées.» (*Ibid.*, p. 96).

Ceci n'a pas empêché le duc de Saint-Simon, quoiqu'il eût été l'un des plus
zélés parmi les ducs opposants, d'écrire sur Racine, au moment où ce dernier
mourut, les lignes suivantes : « Presqu'en même temps, on perdit le célèbre
Racine, si connu par ses belles pièces de théâtre. Personne n'avoit plus de fonds
d'esprit, ni plus agréablement tourné ; rien du poëte dans son commerce, et tout
de l'honnête homme, de l'homme modeste, et, sur la fin, de l'homme de bien. Il
avoit les amis les plus illustres à la cour, aussi bien que parmi les gens de lettres :
c'est à eux à qui je laisse d'en parler, mieux que je ne pourrois faire » (*Mémoires
de* Saint-Simon, t. 2, ch. 1er, p. 6).

royaume ne pouvait être reçu à demander qu'une pairie fût déclarée éteinte. D'Aguesseau, dans ses conclusions d'avocat général, y répondait par cette belle maxime : « La Justice ne refuse jamais son secours à ceux qui ont un sujet apparent de l'implorer (1). »

Mais ce qu'il y a de plus remarquable, ce qui porte jusqu'à nous son enseignement, c'est la manière dont Louis XIV, si susceptible et si absolu sur tout ce qui touchait à son pouvoir, prit cette contestation : il la prit en roi et en vrai justicier.

La compétence des juridictions, en ces temps-là, n'était pas assise sur des règles fixes, entre des limites respectivement infranchissables, comme elle l'est aujourd'hui. Elle offrait très-souvent, en de semblables situations surtout, quelque chose d'ondoyant. La cause des ducs opposants aurait pu être jugée par le roi en son Conseil, comme la nôtre aujourd'hui par l'Empereur en Conseil d'Etat, section du contentieux ; mais tandis qu'aujourd'hui aucune autre juridiction que celle du Conseil d'Etat n'est compétente en notre cause, celle des ducs opposants fut renvoyée deux fois au Parlement : une première fois, en 1694, par un arrêt de règlement de juges, du Conseil des parties (2) ; et, quant à la seconde fois, en 1696, ce fut Louis XIV lui-même, lorsque

---

(1) « On prétend d'abord qu'aucun particulier dans le royaume ne peut être reçu à demander qu'une pairie soit déclarée éteinte et supprimée : ... Il est inouï qu'un duc et pair ait jamais demandé qu'il fût fait défenses à un autre pair de prendre ce nom et cette qualité, et l'on espère que cette demande, aussi nouvelle qu'elle est irrégulière, paroîtra en même temps pour la première et dernière fois dans le public...

« Commençons par examiner ces fins de non-recevoir... Nous ne doutons point du principe que l'on vous a proposé, qu'il n'y a point de règle plus sûre pour décider dans la forme, si une demande est recevable, que d'examiner l'intérêt du demandeur dans le fond. *La justice ne refuse jamais son secours à ceux qui ont un sujet apparent de l'implorer...* Si pour soutenir le droit que l'on peut y avoir légitimement, il est absolument nécessaire de soutenir en même temps que la pairie, qui seule peut donner ce rang et cette préséance, est entièrement anéantie ; si sans cette demande il est inutile de plaider sur la préséance, puisque tant que l'ancienne pairie subsiste, il est impossible de lui refuser l'ancien rang ; si toutes ces propositions sont également simples et indubitables, s'étonnera-t-on de voir que MM. les ducs et pairs forment aujourd'hui cette demande, et ne sera-t-on pas surpris, au contraire, de ce qu'ils la forment si tard ? » (D'AGUESSEAU, 38ᵐᵉ plaidoyer, p. 690 et 691 du t. 3.)

(2) *Mémoires de* SAINT-SIMON, tom. 1, ch. 10, p. 104.

après la mort du maréchal de Luxembourg l'instance fut reprise contre
le duc de Montmorency, fils du maréchal, ce fut Louis XIV lui-même
qui, de sa propre bouche, voulut la renvoyer au Parlement (1).

La tactique du maréchal de Luxembourg et de ses partisans était
de dire partout qu'en attaquant les lettres patentes on s'en prenait à
l'autorité du Roi, on manquait d'égards envers le Roi, que le Roi était
intéressé dans la cause, et que le Roi était pour le maréchal. Lorsque
ces bruits vinrent aux oreilles de Louis XIV, il voulut y couper court
par le plus grand remède. Le secrétaire d'Etat, Pontchartrain, écrivit,
par ses ordres, au premier président du Parlement, une lettre par laquelle il lui mandait : *« que le Roi, surpris des bruits qui s'étoient ré-
pandus dans le Parlement qu'il favorisoit la cause de M. de Luxembourg,
vouloit que la compagnie sût, par lui, et s'assurât entièrement que Sa
Majesté étoit parfaitement neutre et la demeureroit entre les parties dans
tout le cours de l'affaire* (2). »

Ceci n'empêcha pas, dans les plaidoiries, l'avocat du duc de Luxembourg de revenir à la même tactique, hasardant tout pour réussir par
une impression de crainte, et appliquant aux ducs opposants, à raison
de leur prétendu manque d'égards envers le roi, ce passage de l'Ecriture : « *Populus hic labiis me honorat, cor autem eorum longe est à me.* »
Louis XIV, à qui plainte en fut portée immédiatement, témoigna sa
surprise que le président n'eût pas imposé silence à l'avocat, et ajouta,

---

(1) « Mais comme il étoit pourtant vrai que cette option n'étoit qu'une suite en
conséquence du même procès, le roi aima mieux y suppléer de bouche. Il manda
donc le président de Maisons et les gens du roi, et leur dit qu'encore que notre
affaire ne fût pas naturellement de la compétence du parlement, il vouloit que
pour cette fois il la jugeât selon les lois et définitivement sans tirer à conséquence
pour de pareilles matières ; parce qu'il ne se vouloit pas mêler de celle-ci, ni la
retenir à son Conseil. Ce fut le 27 mars ; et le dernier du même mois, le premier
président, le président de Maisons et plusieurs conseillers de la grand'chambre
vinrent faire leur remerciement au roi de l'honneur qu'il lui plaisoit faire au
parlement de lui renvoyer notre affaire, et de ce qu'il avoit fait la grâce de dire
là-dessus au président de Maisons et aux gens du roi » (*Mémoires de* SAINT-SIMON,
tom. 1, ch. 20, p. 202).

Cependant le duc de Saint-Simon a émis quelque part l'opinion plus absolue,
que « ce procès ne pouvoit, de nature et de droit, sortir du parlement, ni être
« valablement jugé ailleurs » (*Ibid.*, ch. 9, p. 97).

(2) *Mémoires de* SAINT-SIMON, tome 1er, chap. 8, p. 87 et 88.

sur cette belle citation de l'Ecriture, ces paroles mémorables : « Qu'il étoit à présumer que ceux qui accusoient les autres de manquements à son égard, en étoient plus coupables (1). » N'est-ce pas être coupable, en effet, d'offense envers le prince, que de supposer qu'il ne veut pas la justice ?

D'Aguesseau, en vrai avocat général du roi, en grand magistrat qu'il était, ne fut touché que du droit, et après avoir donné ses belles conclusions, favorables aux ducs opposants, il se déroba aussitôt aux acclamations publiques (2).

Le Parlement n'eut pas le courage de décider l'affaire; tout en admettant le duc de Montmorency-Luxembourg en qualité de duc et pair, en vertu des lettres patentes de 1661, il appointa la cause, c'est-à-dire il la remit indéfiniment, quant à la question de savoir si sa dignité remonterait jusqu'à l'érection originaire de 1581.

Le roi trouva cette façon de juger, qui n'en était pas une, fort extraordinaire; il s'en expliqua d'une manière peu avantageuse au Parlement (3); et, conduit à statuer lui-même par un édit, suivant ce qu'autorisaient les institutions d'alors, convaincu du droit qu'avaient démontré les conclusions de l'avocat général d'Aguesseau, il convertit

---

(1) « Hors d'espérance de rien emporter par raisons, il hazarda tout pour réussir par une impression de crainte qui persuadât à des gens éloignés du monde et de la cour que le roi étoit intéressé dans l'affaire pour M. de Luxembourg, comme le premier président avoit tâché de le leur persuader ;... et nous appliqua en propres termes ce passage de l'Ecriture : *Populus hic labiis me honorat, cor autem eorum longe est à me...* » — Le roi témoigna sa surprise que Maisons n'eût pas imposé silence ; et ajouta, sur ce beau passage de l'Ecriture, qu'il étoit à présumer que ceux qui accusoient les autres de manquements à son égard en étoient plus coupables, et que, pour nous, nous pouvions être pleinement en repos sur ce qu'il en pensoit » (*Ibid.*, chap. 20, p. 203 et 204).

(2) « Tout fini de part et d'autre, ce fut à d'Aguesseau à parler : il s'en acquitta avec une si exacte fidélité à mettre dans le plus grand jour jusqu'aux moindres raisons alléguées de part et d'autre, et tant de justesse à les balancer toutes, et à laisser une incertitude entière sur son avis, que le barreau et les parties mêmes auroient donné la main à en passer par son avis. Il se reposa le lendemain ; et le vendredi, 13 avril, il reparut pour achever. Il tint encore l'auditoire assez longtemps en suspens, puis commença à se montrer; ce fut avec une érudition, une force, une précision et une éloquence incomparables, et conclut entièrement pour nous. Il se déroba aussitôt aux acclamations publiques, et nous fûmes priés de sortir pour laisser opiner les juges avec liberté » (*Ibid.*, p. 204).

(3) *Ibid.*, p. 207.

ces conclusions en texte de loi interprétative , et ne craignant pas de revenir sur les termes formels de ses lettres patentes de 1676, il assigna le rang du duc de Luxembourg à la date récente de 1661, laissant aux ducs antérieurs le droit d'ancienneté qui leur appartenait, et dont il n'avait pu, ou, pour mieux dire, dont il n'avait jamais voulu les dépouiller. — Ce fut l'édit du mois de mai 1711.

Le passé nous instruit ici éloquemment sur le présent.

Délibéré à Paris, ce 22 mars 1865.

ORTOLAN,

Docteur en droit, Professeur à la Faculté de droit de Paris.

Le Conseil soussigné,

Vu le mémoire à consulter pour M. le marquis d'Abercorn et les consultations données sur ce mémoire par MM. Treitt, Rogron, Bonnier et Ortolan,

S'associe sans réserve aux conclusions de ces consultations.

En fait, il est constant et incontesté que M. le marquis d'Abercorn est aujourd'hui le seul descendant, par les mâles, de James Hamilton, comte d'Arran, à qui le duché de Châtellerault a été concédé par le roi Henri II, en 1548.

En droit, on peut se dispenser d'examiner si la clause des lettres patentes de 1548, qui appelait *les hoirs et ayants cause* du comte d'Arran à succéder au duché concédé, s'appliquait ou ne s'appliquait pas aux femmes; car l'édit de 1711 aurait eu, dans tous les cas, pour effet de restreindre désormais aux mâles le droit de transmission. Cet édit ne saurait même, de ce chef, être accusé de rétroactivité, non-seulement parce qu'il constituait une loi *interprétative*, mais aussi parce que, sauf le maintien des actes faits en vertu d'une certaine qualité, ce qui touche à l'état des personnes demeure toujours, pour l'avenir, dans le domaine du législateur; celui-ci aurait pu alors, comme il l'a fait plus tard, supprimer les titres de noblesse; à plus forte raison a-t-il pu se borner à régler et à limiter la transmission ultérieure de ces titres. En cela, il n'a détruit aucun droit acquis, il n'a détruit que des espérances éventuelles, qui, en pareille matière, ne deviennent des droits que quand elles sont effectivement réalisées (V. à ce sujet, Merlin, *Répert.*, v° *Effet rétroactif*, sect. 3, §§ 2 et 13).

Il ne paraît pas moins impossible de soutenir, soit que la concession de 1548 aurait été révoquée ou éteinte, soit que M. le marquis d'Abercorn y aurait renoncé. Sur le premier de ces deux points, la réponse se trouverait dans le décret même du 20 avril 1864, qui a procédé, non par voie de concession nouvelle, mais par voie *de confirmation* d'un titre dont il admet par là même la préexistence. Sur le second point, la renonciation est démentie en fait par les protestations relatées dans les consultations précitées, et elle serait, à tout événement, sans valeur légale.

C'est donc en violation du droit de M. le marquis d'Abercorn que le décret du 20 avril 1864 a maintenu, en faveur de M. Guillaume-Alexandre-Louis-Étienne, duc d'Hamilton, descendant, par les femmes, de James Hamilton, comte d'Arran, le titre de duc de Châtellerault, créé au profit de ce dernier par le roi Henri II, en 1548.

Sans doute, lorsque l'Empereur, usant d'un pouvoir discrétionnaire et souverain à cet égard, confère un simple titre de noblesse, lorsqu'il fait un duc, un prince, un comte, un baron, etc., nul n'a le droit d'attaquer cet acte, parce que nul n'y a légalement intérêt. N'existât-il aujourd'hui en France qu'un seul duc ou un seul prince, ce duc ou ce prince, accidentellement unique, serait non recevable à se plaindre, du moins par les voies juridiques, de la création de nouveaux princes ou de nouveaux ducs, encore bien que le prestige de son propre titre en fût plus ou moins atteint.

Quant aux noms ordinaires, l'Empereur a également la faculté de les changer ou de les modifier dans les formes établies par la loi du 11 germinal an XI et par le décret du 8 janvier 1859, et, le Gouvernement ne pouvant pas être obligé d'inventer indéfiniment des noms nouveaux, cette faculté comprend nécessairement celle de conférer à un tiers un nom déjà porté par une autre ou par d'autres familles. Mais ici, à la différence du cas précédent, une voie juridique de recours est organisée par l'art. 7 de la loi précitée; toute personne y ayant droit peut, dans le délai d'une année, former opposition devant le

Conseil d'État, délibérant au contentieux, et, selon les circonstances, selon les motifs sur lesquels elle est fondée, cette opposition peut amener la révocation de l'autorisation qui avait été accordée.

Dans l'espèce, il ne s'agit ni d'un nom ordinaire, ni d'un simple titre nobiliaire; il s'agit d'un titre et d'un nom réunis, ou, si l'on veut, d'un titre accompagné d'une dénomination qui lui donne une existence individuelle et en fait une véritable propriété. Cette propriété n'a évidemment rien de commun avec ces noms portés par un tel nombre de personnes, qu'ils sont véritablement tombés dans le domaine public, et que le Gouvernement peut en disposer sans léser aucun droit; un titre de ce genre rentre dans la catégorie des noms que leur illustration a placés ou laissés dans le domaine patrimonial de familles déterminées, et qui, par suite, ne peuvent être attribués à d'autres sans que les membres de ces familles soient fondés à s'y opposer au nom d'un droit exclusif, ainsi que l'a reconnu le Conseil d'État en maintes circonstances (V. notamment l'arrêt du 16 déc. 1858, affaire Colonna C. Campiglia).

Indépendamment de ces raisons générales il y a une raison spéciale qui suffirait pour entraîner l'annulation du décret du 20 avril 1864. La concession de 1548 n'a pas été purement bénévole de la part du roi Henri II ; elle n'a pas été l'effet d'une reconnaissance, qui, tout en étant inspirée par des services rendus, n'aurait pas constitué l'acquittement d'une dette ou l'accomplissement d'une obligation légale et serait demeurée libre et volontaire en définitive ; elle a été la réalisation d'un contrat passé l'année précédente entre ce même roi et le comte d'Arran, stipulant expressément tant pour lui que pour ses successeurs. Ainsi, alors même (ce qui n'est pas) que le Gouvernement pourrait conférer à d'autres, en présence et au mépris des droits du successeur du bénéficiaire primitif, un titre qui aurait été librement octroyé à l'origine, cette faculté ne saurait lui appartenir vis-à-vis d'un titre qui a fait l'objet d'une convention synallagmatique, de l'exécution de laquelle il continue à être légalement tenu.

Ajoutons que le Gouvernement lui-même ne paraît pas avoir entendu contester les principes qui viennent d'être rappelés, puisque, au lieu de faire une concession nouvelle, il a *confirmé* la concession de 1548. Evidemment il a cru que le duc d'Hamilton, en faveur duquel il la confirmait, était le véritable et le seul ayant droit; évidemment le décret intervenu est le résultat d'erreur de fait, qu'il doit suffire de signaler pour que ce décret soit annulé par l'Empereur lui-même en son Conseil d'Etat au contentieux. La compétence à cet égard ne peut pas être et ne sera sans doute pas contestée; elle ne dérive pas, à proprement parler, de la loi du 11 germinal an XI, ou du moins elle n'en dériverait que par analogie ; elle découle du principe général qui attribue à l'Empereur en son Conseil d'Etat par la voie contentieuse, sauf certaines exceptions qu'il est inutile d'indiquer ici, la connaissance des recours dirigés au nom de droits privés contre ses propres actes, soit pour cause d'excès de pouvoir, soit pour cause de violation de la loi.

Délibéré à Paris, le 13 avril 1865.

E. REVERCHON,

Avocat à la Cour impériale, ancien avocat au Conseil d'Etat et à la Cour de cassation.

12

GÉNÉALOGIE DES DUCS DE HAMILTON ET DES COMTES DE DERBY.

Anne, duchesse de Hamilton (1), épousa lord William Douglas qui fut créé duc de Hamilton pour sa vie durant, en 1660. Elle conserva le titre Hamilton pour elle-même et pour les héritiers mâles de son sang.

James, comte d'Arran, devint duc de Hamilton par lettres patentes du 10 août 1698, par suite de la résignation de ses titres par sa mère.

James, cinquième duc de Hamilton, mourut en 1743.

James, sixième duc de Hamilton, mourut le 17 janvier 1758.

Archibald, neuvième duc, mourut le 16 février 1819.

James-Georges, septième duc, mourut sans postérité, en 1769.

Douglas, huitième duc, mourut sans postérité, en 1599.

Élisabeth épousa Eduard, douzième comte de Derby.

Éduard, treizième comte de Derby.

Éduard-Geoffroy, présent comte de Derby, l'héritier légal des ducs de Hamilton. Il n'a pas hérité du titre de duc Hamilton, parce que par les lettres patentes de 1643, le titre était limité aux héritiers mâles du sang de la fille aînée du premier duc. — Le comte de Derby est l'héritier, par les femmes, du premier duc de Châtellerault.

Alexandre, dixième duc de Hamilton, mourut le 10 août 1852.

William-Alexandre-Anthony Archibald, onzième duc de Hamilton, mourut le 15 juillet 1863.

William-Alexandre-Louis-Stephen, douzième, présentement duc de Hamilton, héritier mâle du sang de la duchesse Anne. — Le duc de Hamilton étant paternellement un Douglas, n'est ni héritier mâle, ni héritier par les femmes du premier duc de Châtellerault....

(1) Voy. le n° 5 de la généalogie générale des descendants du premier duc de Châtellerault.

Paris.—Imp. COSSE et J. DUMAINE, rue Christine, 2.